PIRATERIE

DU MÊME AUTEUR

LES GRANDES PERTURBATIONS SURVIENNENT DANS LES RÉGIONS OÙ L'ATMOSPHÈRE EST D'ORDINAIRE INSTABLE, *roman*, Grasset, 2003.

L'ENGAGEMENT, *roman*, Grasset, 2007.

LES LOIS DE L'ÉCONOMIE, *roman*, Grasset, 2010.

L'INVENTION DE LA PAUVRETÉ, *roman*, Grasset, 2013.

L'EMPIRE DU CIEL, *roman*, Grasset, 2016.

TANCRÈDE VOITURIEZ

PIRATERIE

roman

BERNARD GRASSET
PARIS

Jaquette : © Gettyimages

ISBN 978-2-246-82271-4

« Nous revenons sur cette planète que nous avons aimée. »

François AUGIÉRAS,
Domme, ou l'Essai d'Occupation

« Nous croyons toujours que les ovnis seraient des projections, or il semble bien que c'est nous qui sommes les leurs. »

Carl-Gustav JUNG,
« Ma vie », Souvenirs, rêves et pensées

PREMIÈRE PARTIE

C'était un des plus beaux endroits de la Terre, où l'on pouvait vivre pareils aux premiers hommes, danser et chanter, et puis s'étreindre, comme avant le feu, comme avant les mots, comme avant la pomme. L'eau y était limpide, elle vous caressait ; et tout autour, des hêtres sans mesure, infiniment gracieux, protégeaient des regards, en couvrant les plaisirs de l'amour par l'ombre d'épais feuillages, et par les cris d'une jungle, sans maître et sans Dieu.

Ils étaient partis avant l'aube de Penzance, à l'extrémité des Cornouailles, sans rien absorber de ce qui pouvait ressembler à un petit déjeuner. Ils avaient bu et mangé une grande partie de la nuit : Grace considérait que cela suffisait. À présent le soleil était levé et l'air brûlait, tremblant sur la craie des rochers. Le couple marchait sur une corniche, qui d'un côté bordait un plateau de bocages, où des haies brunes composaient un damier. De l'autre, une falaise, plus blanche que la chaux, tombait dans la mer en éclaboussures.

Il marchait en tête, offrant à Grace l'hospitalité de son ombre. Il se tenait très droit et scrutait le large, toujours affamé. Il voyait passer des albacores, sur l'océan plat comme une assiette.

Grace était la plus bavarde des deux. Comme à un enfant, elle disait « regarde » ; alors, délaissant les banquets que son imagination lui servait, Camille baissait les yeux. Ce n'était que des choses très banales – une vache, une tête de phoque, à moins que ce ne fût une bouée, un nuage en forme de théière – mais elle mettait tellement de spontanéité et de gaieté dans ses injonctions qu'il en concevait une tendresse amusée.

Soudain elle s'éloigna de l'escarpement rocheux et, montrant du doigt une futaie ouverte comme un nid, elle demanda à Camille de la suivre. L'orifice était sombre et étroit ; un ruisselet coulait à travers les branches enchevêtrées. Grace s'accroupit, puis elle disparut derrière les quinconces. Camille entendait sa voix. De l'autre côté, elle lui demanda de lui tendre le sac ; alors il s'exécuta, les genoux et une paume dans l'eau froide. À son tour, il disparut dans le sas d'ombres.

Derrière, des hêtres joignaient leurs frondaisons dans une voûte entièrement close. Grace s'était remise en marche, elle foulait le ruisseau. Camille admirait ses chevilles, lustrées par l'écoulement de l'eau. On aurait dit des marbres.

De temps en temps un beuglement de vache retentissait, traversant le silence comme la sirène d'un train.

Enfin surgirent les deux arbres, plus hauts et larges que les autres. Leur tronc était ridé, leurs racines semblaient couvertes d'écailles. Sous les branches, on distinguait un talus qui entravait le ruisseau. L'eau débordait, arasant à son bord. Derrière, une mare étendait son eau calme. Grace la première se hissa, posant sur le talus ses mains jointes et le losange de ses bras.

— Ferme les yeux, dit-elle.

Aussitôt elle se déshabilla, et nue comme l'antique, elle plongea dans l'eau couleur de jade.

Ils passèrent une semaine dans ce lieu caché, soustrait au maillage des réseaux. Le plus clair de leur temps, ils faisaient l'amour. Autrement, Grace lisait des romans, tantôt assise dans la vasque, tantôt allongée sur la mousse de la berge, la peau ocellée par les ombres qu'y projetait le feuillage. Camille embrassait ses prodigieuses aréoles, balbutiait « Artémis, je t'adore » voûté sur son idole puis il partait se balader, et avec la minutie d'un castor, il dissimulait en amont du ruisseau, sous un amoncellement de branches et de cailloux, les vestiges des sentes qui pouvaient les démasquer.

Trop peu souvent, ils mangeaient, au goût de Camille. Grace avait un faible pour les œufs de saumon, dont elle appréciait les reflets de moire et le goût amer. Elle appréciait aussi les gros concombres au vinaigre qui lui rappelaient la Russie de sa mère, et le poulet qu'elle dévorait à pleine main, les gencives retroussées comme un grand requin blanc. Lorsque leurs réserves s'épuisaient, Camille partait se réapprovisionner au village en bord de côte. Il enfilait son manteau en laine de yack, laissant Grace à ses lectures et à son bain. Sa clarté de porcelaine reposait sur le fond nacré du *pond*. Sa tête lui souriait, tranchée par le miroir de l'eau.

Dans cette Arcadie dérobée, il lui disait : « Tu es la plus belle femme du monde. » Et de fait elle l'était, qui pouvait prétendre le contraire ? À la voir si heureuse et rayonnante, à l'entendre exulter, quiconque aurait conclu comme Camille que Grace était la plus belle femme du monde, et Camille le plus heureux des hommes.

Le matin du septième jour, ils se levèrent et se tinrent debout au bord de la vasque. Ils observèrent le reflet des chairs jointes, admirèrent leur métamorphose. Ils étaient l'un, ils étaient l'autre. Alors sans un mot ils s'habillèrent et rebroussèrent chemin.

C'était une petite gare perdue de Cornouailles, qui ne comportait qu'une voie. Elle joignait St Ives, à Penzance, en suivant le trait de côte. Sur l'unique quai, il y avait un vieil homme. Ses yeux étaient blancs. Il portait un manteau en poil de chameau, une barbe longue et mal peignée. Ses mains enserraient l'extrémité d'un bâton, tordu comme un sarment. Grace et Camille le saluèrent. Il ne répondit pas.

Les rails étaient à demi couverts d'herbe. Trouant le tunnel de verdure qui par ses proportions lui donnait l'apparence d'un jouet, le train apparut, tiré par son sifflet. Sans un mot Grace monta à bord, puis tandis que le train repartait, elle colla ses mains contre la vitre, avec l'envie de traverser le verre et d'embrasser Camille.

— Elle est belle votre femme.

L'homme s'était mis à parler.

— Merci, dit Camille, ce qu'il trouva parfaitement idiot.

— Elle fait quoi dans la vie ?

— Astronaute, répondit Camille.

L'homme opina en silence.

— Vous ne devez pas vous voir très souvent, finit-il par dire.

— Non. Mais quand on se voit on en profite.

— C'était vous, dans la futaie ?

— C'était l'amour, répondit Camille. Nous, on ne fait que passer.

Levant la tête vers le ciel, l'homme demanda :

— Et la chose qui approche, qu'est-ce qu'elle en pense, votre épouse ?

— Les gens ont peur mais pour l'instant ils se tiennent bien, dit Camille.

— Quand la chose sera vraiment tout près, ce sera une autre histoire, prédit l'homme.

Puis comme il convient à ce genre de personnage, l'augure disparut, laissant Camille seul sur le quai avec son bâton.

Dans les tournées de promotion du métier d'astronaute que lui imposait l'Agence spatiale européenne, Grace se distinguait par un talent particulier, qui était l'art de raconter. Elle avait, c'est vrai, son genre de beauté, que lui reconnaissaient les nombreux amants qu'elle avait éreintés. Elle-même au reste ne se trouvait pas belle : elle jugeait ses hanches larges, sa poitrine menue, ses maxillaires un rien prononcés, et dans l'éclat de son sourire, elle voyait moins le pli d'une joie franche et délurée, que l'empreinte équivoque d'une voracité embarrassante et d'une roublarde fausseté. Mais elle s'était habituée à ce qu'on la trouvât belle, et elle ne mettait aucun orgueil, aucune feinte modestie à jouir en toute démesure des faveurs que la nature lui avait accordées. Cependant l'essentiel de sa force de séduction résidait dans sa capacité à mettre en scène les événements les plus simples, qui par sa faconde et un authentique émerveillement, acquéraient un relief extraordinaire en passant par son récit. Jamais elle ne refusait une interview. Elle ne répondait pas, en réalité, aux questions des journalistes : elle racontait chaque fois une histoire, plus ou moins longue, plus ou moins drôle, dont l'issue restait insoupçonnable jusqu'à ce qu'elle en révèle le dénouement. Vous chaussiez ses gants et son casque, vous écoutiez de l'anglais, du chinois ou du russe dans une oreillette ; vous étiez dans un simulateur, une centrifugeuse ; votre capsule brûlait. Votre chéri vous manquait. Tout cela vous le viviez à sa place. Elle était la plus populaire des astronautes avant même que l'Agence spatiale européenne l'ait sélectionnée.

Chacun de ses entretiens dissipait un mystère, mais excitant la curiosité, il en créait dix autres, de sorte qu'il y avait toujours de nouvelles questions qui venaient. On apprit ainsi qu'elle avait, enfant, peur en avion au point d'en perdre le sommeil ; on apprit encore qu'elle avait échoué à l'épreuve du permis de conduire la première fois pour avoir sorti manu militari du véhicule l'examinateur au motif que celui-ci lui avait effleuré la cuisse en prétextant qu'il cherchait à desserrer le frein à main. On apprit qu'elle écrasait les pieds de ses partenaires de danse durant les slows car elle chaussait du 40 (dès 16 ans), et qu'elle avait la plus grande répugnance à enfiler une couche sous sa combinaison d'astronaute, trouvant peu ragoûtant de rejoindre l'ISS lestée d'urine et éventuellement d'excréments. Toutes ces anecdotes, parmi un nombre si vaste qu'il serait fastidieux de les restituer ici, concoururent à la rendre populaire comme une chanteuse de variétés. Elles augmentaient sa familiarité auprès des spectateurs, et par le fait même qu'elle semblait comme tout le monde, elles rendaient plus pittoresque le génie auquel elle devait son succès.

Grace comprit avec ses concurrents que le public attendait d'une astronaute mieux qu'un CV de premier de la classe – après tout il en existait des milliers ; il demandait les récits héroïques de vies ordinaires, composés de menus drames et de grands accomplissements. C'est à des moments de vie que s'intéressait l'opinion, davantage qu'à des trajectoires de fusée et des prodiges balistiques – dont à la vérité, pour être honnête, le plus grand nombre se fichait, n'y comprenant rien. À son insu, Grace transforma le métier. Elle le diminua et le grandit tout en même temps. Elle admettait qu'il était devenu un métier comme un autre (à l'image de ce qu'il advint des professions de notaire et de médecin à la fin du XXe siècle, tout à coup très banales et d'un prestige incertain, en comparaison de ce qu'elles avaient été quelque cent ans auparavant), qui, dans la destinée particulière d'une femme, suscitait une sympathique admiration.

Lorsqu'on lui demandait quand et comment lui était venue l'idée d'être astronaute, elle répondait que c'était un amant, militaire tout comme elle, qui, admiratif de ses dispositions physiques, lui en avait le premier fait la suggestion. Et quand on l'interrogeait sur ses motivations pour devenir pilote de chasse, elle expliquait que c'était la profession qui, avec la plus grande certitude, lui permettait de ne pas reproduire la carrière et les dévoiements de son père. C'est ainsi que les lecteurs de tabloïds, les hommes et femmes composant le grand public et un nombre conséquent d'admirateurs, en surent d'abord moins sur elle que sur lui.

À leur décharge, il faut préciser que son père, Jess Elliott Russell, semblait avoir assemblé, dans sa personne, toutes les qualités que doivent absolument fuir un militaire et un astronaute de métier. Anarchiste, trouvant toute hiérarchie intolérable et mesquine, il était aussi fabulateur, égoïste, manipulateur, faussaire, et connu pour tel, sa contribution première à la popularité de sa fille étant précisément qu'il l'avait comme débarrassée de tous les défauts rédhibitoires à la profession. Il les avait pris sur lui, comme l'aimant attire la limaille recouvrant un diamant. Jamais cependant elle n'accablait son père, considérant que l'excès même de ses turpitudes, le déchaînement de son mauvais génie, avaient été les clefs qu'il lui avait tendues pour connaître le succès. Elle réussit l'exploit d'aimer son père et de grandir contre lui. Tout cela, aussi, augmentant son mérite, contribua à la rendre populaire et à en faire la bonne copine dont chacun rêvait dans la vie.

Avec minutie et une curiosité avide, les journalistes fouillèrent la vie du papa. D'abord ce fut banal, puis l'étonnement grandit. Jess Russell était citoyen britannique, natif des Cornouailles. Il poursuivit ses études à Southampton, où il obtint son *Bachelor of Science* en biologie marine, avec une spécialité en océanographie. Jeune diplômé, il prit son temps, navigua et but, lesquelles activités, dit-on, vont souvent de pair. À Plymouth, il trouva un emploi de docker, puis de petite main chez un *shipchandler*. À plus de 30 ans, constatant qu'il supportait de plus en plus péniblement l'indigence, il s'inscrivit en Master de biologie marine, espérant poursuivre une carrière honorable à l'université.

Dans un amphithéâtre comble, il assista à une *lecture* de John Martin, océanographe de renom. La conférence portait sur les possibilités de réduire la concentration de gaz à effet de serre dans l'atmosphère en piégeant le CO_2 dans l'océan. Avec le culot et l'égoïsme de celui qui n'a rien à perdre, et une certaine brutalité, la légende familiale dit qu'il bouscula les étudiants qui en fin de conférence se pressaient autour du savant. Il se fraya un chemin et plantant sur lui son regard de diable, il demanda à John Martin d'encadrer sa thèse. John Martin, déjà malade, accepta de diriger le doctorat de Jess.

Il l'invita à participer à une expérimentation au large des îles Galápagos. Connue sous le nom de « fertilisation des océans », l'opération consistait à épandre à la surface de la mer des nutriments naturellement peu abondants comme les phosphates ou le fer. L'épandage provoque une efflorescence de phytoplanctons, lesquels par photosynthèse fixent le CO_2, qu'ils transfèrent vers les fonds marins après leur mort, dans un processus naturel de sédimentation. La fertilisation, dite aussi « ensemencement » tant l'efflorescence présente tous les aspects de la laitance, active la pompe à CO_2 et constitue un possible moyen de combattre le réchauffement climatique. Telle était la théorie de John Martin. Elle était étudiée par quelques scientifiques, au risque pour ceux-ci de paraître peu sérieux. La géo-ingénierie a aussi des implications militaires, raison pour laquelle tous les savants qui y consacrent leur temps sont aujourd'hui encore scrupuleusement référencés par les services de renseignement, quand ils ne sont pas des agents eux-mêmes.

Sur le navire qui emmenait son équipe et des tonnes de minerais de fer destinées à engraisser l'océan Pacifique, John se plaignit de douleurs dans le dos. Le crabe d'un cancer lui mangeait les os. Avec un flair d'homme d'affaires, Jess l'encouragea à achever l'article qui après sa mort aurait un retentissement considérable, *The Iron Hypothesis* ; il s'invita au nombre des coauteurs, quoiqu'il n'eût à peu près rien écrit. Par le traitement des mesures faites aux Galápagos, Jess apporta la confirmation que l'hypothèse de John sur les effets climatiques de l'ensemencement était fondée. John mourut sans avoir pu assister à la soutenance.

Convaincu que la géo-ingénierie allait se développer en dépit de l'interdiction d'y recourir à des fins commerciales, Jess créa ensuite sa propre société de géo-ingénierie, BioClim. L'activité commerciale de BioClim touchait au domaine très large de ce qu'on appelle l'atténuation du changement climatique, laquelle inclut les réductions d'émissions de gaz à effet de serre, mais aussi les activités de captation de ces gaz dans le sol ou l'océan. Elle consistait pour l'essentiel à spéculer sur le marché des crédits carbone (les crédits carbone sont l'équivalent des indulgences du XVIe siècle, appliquées à un péché particulier qui est la consommation d'énergies fossiles). Par l'achat de ces titres, des individus ou des entreprises polluantes pouvaient effacer leurs fautes, ou plus exactement les compenser, par le financement de projets d'atténuation ou d'adaptation au changement climatique dans le pays de leur choix.

Pour une raison que ni Grace ni Camille ne sont parvenus à éclairer, Jess réussit à établir un premier contact avec le ministre des Finances du Vatican. Il proposa au Saint-Siège un échéancier de paiement de crédit carbone d'un montant de 12 millions de dollars. Quelques mois plus tard, il se retrouva dans le salon de réception du pape, en présence de trois cardinaux et du pape lui-même qui brandissait face aux photographes un chèque grand comme un drap de bain. Le chèque était établi à l'ordre de BioClim. Il était convenu que les émissions de CO_2 du Vatican seraient compensées par la plantation en Hongrie de diverses variétés d'arbres destinées à composer de nouvelles forêts.

La BBC a retrouvé un cliché de l'événement. Jess se tient un peu en retrait. Ses yeux surveillent le Saint-Père. Un je-ne-sais-quoi d'inquiétude, une tension nerveuse, pincent ses lèvres et crispent ses traits. Sans doute se demande-t-il si un peu de bon sens tombé du ciel ne va pas conduire le pape à déchirer le certificat, et, avec un rire supérieur, tendre le bras vers sa figure d'imposteur pour l'envoyer dans les cryptes grouillant de rats.

Quand il fut établi que BioClim conservait les montants des indulgences sans jamais les investir dans des activités de reboisement, l'affaire causa dans la curie un certain embarras. Non seulement Jess se moquait du monde en conservant en trésorerie des sommes qui n'auraient dû qu'y transiter, mais il apparut qu'il utilisait une partie des fonds pour spéculer sur des marchés absolument antinomiques de la lutte contre le changement climatique : il faisait fortune en jouant en Bourse sur les marchés pétroliers. Il acheta à terme, les cours du brent doublèrent, puis triplèrent. Jess empocha près de 15 millions de livres, qu'il plaça au Luxembourg et à Jersey par l'intermédiaire d'une société écran, comme cela se faisait couramment ; il fit l'acquisition d'un voilier de 20 mètres, *Odette*, qu'il immatricula à Malte – avec une mise qui ne lui appartenait pas.

Avec les revenus de ses spéculations, il créa un fonds d'investissement, Bloom Capital, qu'il domicilia au Luxembourg.

C'est à l'occasion d'une rencontre organisée par un des investisseurs du fonds que Jess eut l'idée d'une campagne d'insémination de l'océan à grande échelle. Il revenait à l'idée de John Martin et à son sujet de thèse.

La campagne se déroula au large des côtes de Haida Gwaii, anciennement îles de la Reine Charlotte, en Colombie-Britannique, au sud-est de l'Alaska. L'autorité indigène de l'île, Chief Joseph Hakola, fit appel à Jess pour faire revenir les saumons dans les eaux séparant l'île du continent. Les efflorescences de plancton provoquées par l'épandage de sulfate de fer sont en effet un excellent repas pour quantité de poissons.

Bravant l'interdiction que lui opposait la Convention internationale sur la biodiversité des Nations unies, Jess déversa en mer quelque 300 tonnes de sulfate de fer à portée des embarcations de pêcheurs prêts à moissonner les saumons. Chief Joseph Hakola finança la prestation de Jess grâce à un emprunt souscrit auprès d'une banque canadienne, sur la base des revenus escomptés des campagnes de pêche. Bloom Capital investit le même montant dans des prises de participation de l'entreprise de pêche Blue Salmon qui possédait un quasi-monopole dans l'achat et la vente de saumon à destination du continent. Jess recycla une partie des crédits carbone du Vatican dans cette affaire.

Le déversement de sulfate de fer et les efflorescences de plancton qui s'ensuivirent accrurent « significativement », selon l'ONG Greenpeace, l'afflux de saumons dans la zone d'épandage ; les prises s'accrurent dans de notables proportions. L'ONG releva surtout que l'opération provoqua des dérèglements dans la chaîne alimentaire. Elle contribua à déplacer le problème plutôt qu'à le régler – les poissons pris au large de Haida Gwaii étant prélevés sur les stocks de différentes géographies de la côte qui s'en trouvèrent dépossédées. Deux mois après l'opération, les saumons avaient déserté le lieu, tout était à recommencer.

En violant le droit international et en abusant de la crédulité d'un élu de village désespéré par la chute des revenus de sa population, Jess devint l'ennemi public numéro un des ONG de protection de l'environnement. À côté de Greenpeace, et quoiqu'elles fussent concurrentes, la plus virulente était Sea Shepherd. L'ONG menaça d'éperonner le navire de Jess à la première occasion. Cependant Joseph Hakola, pas plus que le pape, n'entama la moindre procédure contre Jess, par honte sans doute d'avoir été si facilement abusé. Lorsqu'on lui demandait ce qui le poussait à être si mauvais et dévoyer la science, Jess haussait les épaules et répondait qu'il avait charge d'âme. Car entre son audience chez le pape et la campagne de géo-ingénierie britannique, Grace Apollonia Russell était née.

Jess rencontra la mère de Grace lors d'un cocktail à l'hôtel de ville de Plymouth dans un état d'ébriété qu'eux deux seuls semblaient partager. Vega était ballerine, elle venait de danser au Theatre Royal dans une adaptation de *La Belle au bois dormant*.

Russe, native de Vladivostok, Vega est d'une rare beauté. Elle a la peau claire, les yeux turquoise ; ses paupières sont mongoles. Sa mâchoire est dessinée, ses épaules sont droites. Elle connaît la mer, et comme Jess, peut-être plus encore que lui, elle sait boire au-delà de l'ivresse. Elle boira ce soir-là plus de trente coupes de champagne, performance que Jess supposait incompatible avec son métier.

C'est la dernière soirée de Vega en Grande-Bretagne, la tournée est bientôt achevée. Après une pause d'une semaine, les prochaines dates sont espagnoles ; puis ce sera le retour à Moscou, et la préparation d'un autre ballet. Jess et Vega boivent et dansent. Ils quittent le théâtre. Jess lui vole un baiser sous la figure héroïque de Francis

Drake, puis il l'enlace et tombe avec elle. Vega a un petit ami, danseur dans la troupe. En apprenant la nouvelle, Jess se redresse et levant le bras comme une épée, annonce qu'il compte provoquer son ami en duel. Le geste le fait perdre une nouvelle fois l'équilibre ; il tombe à la renverse, droit comme une planche, tandis qu'en face de lui Vega peine à se relever.

Il va l'enlever.

À l'hôtel, elle rassemble ses affaires. Jess laisse un mot à la réception à l'attention du directeur de la troupe, lui donne rendez-vous à Bilbao, pour la prochaine représentation. Puis en se tenant par le bras, ils divaguent jusqu'au port. À un anneau de Sutton Harbour, Jess a amarré son sloop, *Odette*. Il tend la main à Vega par-dessus la lisse et la hisse à bord.

Ils partent le lendemain matin, après avoir fait l'amour en criant et riant et se cognant sur les étroites couchettes, les pieds emmêlés dans les cordages. Ils mettent dix jours à traverser ; la brise est légère ; il est vrai aussi qu'ils passent beaucoup de temps à l'arrêt, en plein océan, les voiles à la cape, pour faire l'amour sans subir l'inconfort d'une couchette inclinée.

Plus jamais ensuite ils ne se quitteront. Jess assiste aux représentations de Vega à Bilbao, Saragosse, Madrid, Barcelone ; tous les soirs, il dort dans ses bras. Puis pour la seconde fois, Jess l'enlève. Il la fait sortir de nuit par la fenêtre de sa chambre d'hôtel, depuis laquelle on verra pendre le lendemain une échelle de corde et un grappin. Vega et Jess reprennent la mer ; ils rentrent à Plymouth.

Ce sera la pire traversée de sa vie : la mer la rend malade. Vega est enceinte et l'ignore.

À Plymouth, Vega accouche de Grace Apollonia Russell alors que le siècle est sur le point de s'achever.

Pendant quelques années ensuite, Vega trouve à la troupe royale de Plymouth des rôles subalternes. Après vingt ans à s'étirer sur les barres, à se tordre sur les planches, son corps commence à lui échapper. Elle se plaint d'avoir mal aux doigts de pieds, aux chevilles, aux genoux, aux hanches. Ses articulations, toutes, veulent se disloquer. Quand elle marche, dit-elle, elle craque comme un parquet. Alors elle donne des cours, s'occupe de Grace, la semaine à Plymouth, le week-end entre Penzance et Porthcurno en Cornouailles où Jess possède une autre maison. Elle se cache derrière les alignements circulaires de pierres druidiques tandis que sa fille se demande si le diable ne l'a pas enlevée. Jess parle du diable et jamais ne parle de Dieu. Il ressemble de plus en plus à Lucifer, avec des yeux noirs à l'éclat mauvais et une barbiche pointue comme une dague qu'il entretient avec des soins de jardinier. Il n'est pas gai, mais il est drôle.

C'est à eux deux que Grace doit de savoir diriger un voilier, mais aussi danser, chanter, jouer du piano, parler l'anglais de son père, le russe de sa mère, et le français, que sa mère parle également, puis l'italien et l'espagnol, car ses parents forment un couple authentiquement européen. Grace court, nage ; elle montre dans toutes les matières des dispositions de premier ordre. Son père lui lit le soir les aventures d'Ulysse, de Pythéas, Cook, Magellan, de

Vitus Bering, Amundsen et Shackleton. Il l'élève dans la grande idée d'être héroïque ou n'être rien du tout.

Les deux drogues auxquelles retourne sans cesse Vega sont l'alcool et la danse. La danse de fête, l'ébriété des soirées. Vega et Jess invitent leurs amis dans leur maison du bout de la terre, entre Penzance et Porthcurno. Ils boivent beaucoup, même dans les standards britanniques et russes. Vega parfois fait des scandales, et s'en va ivre au milieu de la nuit, criant dans la rue. Une fois elle manque se noyer en partant rejoindre le voilier au mouillage, à la nage, pour y dormir tranquille. Elle tombe une autre fois d'un parapet et se casse un bras, après y avoir fait un entrechat.

Ils organisent un bal masqué deux fois l'an. La presse locale a fait la recension des dégâts provoqués par ces rendez-vous qui attirent un nombre considérable d'invités venus de Cornouailles et de Londres. La fête déguisée la plus coûteuse pour Jess, en livres sterling et en réputation, fut celle qu'il organisa avec pour thème l'orgie romaine. Jess constamment soûl sous sa perruque frisée et son teint d'albâtre campa Néron. Sous l'effet souterrain de plusieurs punchs, il mit le feu au cabanon du fond du jardin, qui abritait les poubelles et le matériel de bricolage. Il existe une vidéo de la soirée. On y voit Jess les yeux brillants, tirés par la manche de sa toge trempée de champagne par une Vega tout aussi ivre. Il prend le cameraman à partie et lui affirme que c'est Rome qui monte en flammes jusqu'au ciel. Alertés par les voisins, les pompiers purent sauver la tondeuse à gazon et une pelle à manche rond, avec laquelle ils conseillèrent à Jess de ramasser sa Rome tombée en cendres.

L'ambition de Jess et son goût de l'argent lui créent cependant des inimitiés, qui tissent autour de lui une toile où comme une araignée sa mauvaise humeur semble prospérer. Colérique, il a des accès de mélancolie noire, durant lesquels rien ni personne ne peut le faire sourire, pas même son épouse. Il se tait, alors, obtus, têtu, méchant, mauvais, obstinément insatisfait. S'il a des invités à table, tout à coup il se lève, pour passer le reste de la soirée allongé dans sa baignoire, ou sur son lit, sans égard pour son épouse. Elle continue à faire la conversation avec des convives qu'elle n'a, parfois, pas même invités. Alors elle boit, ce qui lui permet d'entendre et de ne pas écouter.

Grace raconte que parfois en mer, quand le temps était calme, il lui proposait de se jeter à l'eau, puis de regarder le fond de l'océan, après avoir délibérément raconté des histoires pénibles d'attaques de requin et de morts par noyade. Pour montrer qu'elle avait du cran, Grace s'exécutait, et le cœur battant, les bras en croix, elle regardait les profondeurs de l'océan infiniment glauque en attendant que son père lui tape sur le dos avec une gaffe et lui crie de remonter. Il passe de plus en plus de temps avec elle ; Vega est plus distante, s'estompant elle-même dans les brumes de son malheur. Elle accepte d'être hospitalisée et d'être traitée pour son alcoolisme. Pendant un an elle ne boira plus une goutte d'alcool. Jess s'abstient de boire lui aussi, par amour et charité. Ils boivent des jus de pomme et de l'eau gazeuse. Leur mauvaise humeur est terrible.

Grace a 12 ans lorsque sa mère et son père rompent leur promesse d'abstinence. Ils se rendent chez des amis de Vega après avoir bu trois verres de whisky chacun. Ils sont gais et heureux. Jess pendant le dîner se montre drôle et méchant. Vers 9 heures du soir, tandis qu'ils dînent, il sort de table, et sans donner d'explication, après avoir jeté un regard autour de lui, ne voyant nul canapé susceptible d'accueillir sa carcasse, il s'allonge à même la moquette, au pied des chaises où se tiennent toujours assis les invités. Puis il s'endort. Tout le monde croit à une blague, sauf Vega. La conversation met quelque temps à reprendre, et à vrai dire, elle ne reprit jamais vraiment.

Le lendemain, à son réveil, Grace retrouva son père. Assis à la table de la cuisine, il buvait son café. Il lui demanda de ne pas réveiller sa mère, de la laisser se reposer. À midi, Grace entra dans la chambre, tenant un plateau de petit déjeuner. Elle posa le plateau sur le lit, à côté de l'oreiller de son père. Sans bruit, elle fit le tour du lit, pour embrasser sa mère, en se promettant de ne pas la réveiller.

Elle avait la tête posée sur l'oreiller, le visage tourné vers la fenêtre ; et ses mains remontées sous le menton agrippaient la couette. Vega regardait par la fenêtre. Ses yeux étaient ouverts, sa bouche démesurée. Comme dans ce tableau de Munch, sa bouche en silence criait. Le store était levé, la lumière chétive. Dans le ciel, il y avait une lune pâle, bientôt estompée, que le cadavre de sa mère s'obstinait à regarder.

Pour une raison qui lui échappe, Grace survécut. Elle se trouvait comme morte, pensait mourir vraiment, mais la mort qui avait enlevé sa mère ne revint pas la prendre. Grace devint Grace à la mort de sa mère ; elle devint celle qui aujourd'hui se souvient d'elle-même et peut retrouver les pensées et les sensations de celle qu'elle fut – mais uniquement à compter de cette date. La Grace qui précédait, celle-là n'existe plus.

Au fil des mois les accès de larmes se firent plus rares chez Jess, mais sa colère s'amplifia. Un ressentiment épouvantable devint le tyran de tous ses sentiments. Mélancolique et acariâtre, il était constamment méchant, comme si un monstre lui dévorait le ventre. Ne pouvant plus faire rire Vega, il renonça à être drôle.

Pour Grace, ce fut différent. Quand vint l'adolescence, au lieu de l'enfermer dans un état morbide, c'était comme si le décès de sa mère et l'inconsolable acrimonie de son père avaient, tout d'un coup, supprimé une partie de son propre poids. Un matin, alors qu'elle avait 14 ans, elle posa son regard sur la photo de Vega qu'elle conservait sur la commode de sa chambre. Ce fut comme une bulle qui gonfla dans sa poitrine et la souleva. Il lui sembla que ses pieds ne touchaient plus le sol, et inclinant la tête, de fait, elle vit que ses pieds ne touchaient plus le sol. Grâce à sa mère, expliquera-t-elle, elle connut une première fois l'apesanteur. Puis elle sentit le parquet sous ses pieds nus, mais le souvenir de la sensation d'apesanteur persista.

Le nombre de candidats concourant au titre d'astronaute lors de la cinquième campagne de recrutement de l'Agence spatiale européenne s'élevait à 8 778. Tous, à divers degrés, pouvaient prétendre posséder les compétences physiques, intellectuelles et psychologiques requises pour s'embarquer à bord de Soyouz, en Russie, de SpaceX, aux États-Unis, ou de Changzheng en Chine et rejoindre la station spatiale internationale en orbite à 400 kilomètres de la Terre. Tous avaient d'exceptionnelles qualités. Seuls six d'entre eux seraient sélectionnés.

Des 8 778 candidats, il ne restait plus que 191 postulants après les deux premières séries d'épreuves et les vérifications des prérequis – les candidats devaient avoir entre 27 et 37 ans, une expérience professionnelle d'au moins trois ans ou une expérience de vol en tant que pilote ; ils devaient être au moins bilingues en anglais, titulaires d'un diplôme universitaire de 3e cycle en sciences naturelles, ingénierie ou en médecine, avoir une santé et une condition physique irréprochables. Une personne retenue parmi les 191 prélistés accédant à la troisième étape de sélection pouvait se dire véritablement candidat.

Pour réduire ce nombre à dix puis à six, le comité de sélection soumettait les candidats à des épreuves physiques et intellectuelles approfondies, et pendant que ces animaux couraient dans leur cage le regard fixé sur le chronomètre, rampaient dans des grottes, surmontaient des défis de logique, leur vie privée était fouillée comme un lieu de crime. Puis les experts confrontaient leurs évaluations. En ressortait un premier classement, établi sur la comparaison des performances sportives et cognitives, de leur capacité à prendre des initiatives et trouver une solution à des problèmes imprévus, et surtout, de la résistance au stress considérée comme une qualité essentielle – sans doute était-ce la première – requise par le métier.

Une fois la liste réduite à dix individus, l'ultime sélection se déroulait sous la forme d'entretiens d'embauche, au terme desquels quatre derniers concurrents étaient écartés.

Comme de nombreux autres candidats, Grace satisfaisait aux prérequis ; elle parlait plusieurs langues, avait un physique d'athlète, une tête excellemment faite, et les rapports de ses supérieurs de l'Empire Test Pilots' School (l'école britannique des pilotes d'essai) étaient en tout point excellents et prédisposaient en sa faveur. Elle y avait obtenu le grade d'officier à un âge précoce. Que sa fille fût militaire est l'unique reproche que Jess pouvait faire à Grace, et c'est pour cette raison, en sorte d'unique camouflet jeté à la face de son père, que Grace avait juste après son *Bachelor* renoncé à une carrière scientifique et choisi l'armée.

Quelques réserves furent cependant émises à son encontre par un ancien astronaute, Karl Lakner, formateur à l'Agence spatiale européenne. Karl était connu pour avoir manqué se noyer lors d'une sortie en dehors de l'ISS lors de son unique mission en orbite – sa combinaison s'était lentement remplie d'eau au point de lui couvrir la bouche et de l'empêcher de respirer. Il était parvenu à rejoindre en catastrophe le sas de la station spatiale, mettant en pratique cet enseignement répété aux astronautes à longueur d'entraînement : en cas d'incident, ne pas se concentrer sur le problème mais sur la solution. Ce fait de gloire inopiné et un peu absurde – n'eût-il pas été idiot de mourir noyé dans l'espace ? – fut la décoration dont il se prévalut ensuite pour exercer au sein du comité de sélection une autorité particulière, comme ces alpinistes devant lesquels on finit par se taire en les voyant exhiber avec une feinte nonchalance le silencieux reproche de leurs phalanges amputées. De surcroît, après avoir remisé sa combinaison et embrassé son nouveau métier de formateur, Karl n'eut de cesse d'éprouver une poignante nostalgie de l'espace. Il aurait voulu y retourner mais son heure était passée.

Karl manifestait, à l'égard des jeunes recrues, une dureté excessive, qui l'eût éloigné de son nouveau métier s'il n'avait développé dans le même temps un jugement passant pour le plus sûr et le mieux informé. Karl était une figure, rude et déstabilisante, comme il s'en trouve toujours dans les comités de sélection quel que soit le secteur d'activité. Il y jouait sans se forcer le rôle utile du grognon et de l'inquiet.

Sa première réticence était relative à Jess, à son absence de scrupule et à son immoralité. Karl craignait qu'elle ait pu affecter le développement psychologique de Grace, et qu'elle ait créé une dépendance perverse de la fille envers le père, impropre à la vie en orbite. Vous ne partez pas pour la station spatiale internationale, la Lune ou Mars l'esprit tranquille quand vous savez que votre père risque à tout moment d'être incarcéré pour escroquerie. L'argument fut longtemps comme une épée tendue au-dessus de la tête de Grace. Elle choisit, plutôt que de passer sous silence ou d'éluder son embarrassante ascendance, d'en faire d'emblée la plus franche publicité. Certes Jess pouvait commettre un nouveau forfait, mais Grace ne s'était-elle pas immunisée au fil des années ? Qu'elle ait choisi et réussi le concours de l'école militaire contre la volonté de son père, anarchiste et antimilitariste, plaidait en sa faveur. Aussi la prévention de Karl eut-elle des conséquences limitées, quoiqu'il ne l'abandonnât jamais tout à fait. Pour reprendre une expression d'une journaliste du *Time*, Grace était la rose d'Angleterre ayant fleuri sur un tas de fumier.

Et pour filer la métaphore, il fut question aussi des épines de sa beauté. La seconde réserve de Karl touchait à la jeunesse de Grace – elle avait tout juste l'âge légal pour être candidate. Dans l'esprit de Karl, cette jeunesse incluait l'expérience, ou inexpérience, de l'amour. La vie sentimentale et sexuelle de Grace, jusqu'à ce qu'elle rencontre Camille, était notoirement instable, et la sensualité crue de son sourire qui disait à la fois le goût des hommes et la certitude de les avoir dans son lit quand l'envie lui en viendrait, en faisait une copieuse matière à fantasme même pour celles et ceux dont la vie amoureuse et sexuelle était comblée. Il apparut lors des enquêtes menées par le comité de sélection qu'à bien des égards, Grace avait une sexualité d'homme – une sexualité de jeune célibataire ne cherchant rien d'autre qu'à se débarrasser d'une charge d'orgasmes assujettissante, sans intention de rien construire de durable entre ses rapports. Karl avança : une sexualité de lionne, mettant tous ses partenaires à plat. Qu'elle ait déjà fait l'amour à quatre personnes différentes en quarante-huit heures comme en témoignèrent d'autres pilotes de Boscombe (sans manifester le moindre reproche et un peu embarrassés de répondre à une question aussi triviale concernant une camarade qu'ils appréciaient) laissait Karl, luthérien pratiquant et rébarbatif, marié à 19 ans et n'approchant sa femme guère plus d'une fois l'an, rêveur et inquiet.

Comprenant que c'est Karl qui dans le comité détenait un surcroît d'autorité et pouvait en vertu de celle-ci dresser les plus sérieux obstacles sur le chemin de son succès, Grace mit un soin particulier à établir la vérité de quelques faits qu'une lecture strictement masculine avait altérée. Elle ne nia pas – mais au nom de quels principes et de quelle obligation eût-elle dû le faire ? – avoir eu des amants en nombre respectable, mais elle précisa, au risque de provoquer un désarroi plus grand encore chez Karl qui l'écoutait, qu'elle s'était crue éperdument amoureuse chaque fois.

— Vous ne savez pas ce que signifie d'être pénétrée, dit-elle à Karl qui pris de court eut un hoquet.

— J'avoue que non, balbutia-t-il.

— Offrir l'intimité de son sexe, poursuivit-elle, engage davantage la personne que de plonger sa verge dans le premier orifice qui vient.

— Je suppose, dit Karl.

Grace lui fit convenir qu'elle était de nature généreuse et aimante, tellement aimante qu'elle en devenait collante, et serrée contre son amant après avoir essoré son plaisir, lui parlait déjà d'emménager dans le même appartement. Sans doute exagérait-elle ; il y avait bien entendu certains amants qu'elle avait connus par jeu et pour l'expérience, sans illusion sur leur sort non plus que sur le sien. Mais elle s'autorisait cette simplification comme par revanche et pour affirmer son refus de la simplification que Karl avait l'imprudence de commettre en dissociant les mouvements de son cœur des spasmes de son vagin.

C'était tout elle : incisive et crue, soucieuse d'établir la vérité des faits, elle dissipait un malentendu sans intention de l'éteindre tout à fait, et ce faisant, créait un nouveau mystère à côté du premier. Comme dans une campagne électorale où celui qui donne le tempo a les plus grandes chances de succès, c'est elle qui déterminait le rythme et la tonalité des entretiens, et non le comité.

En dépit de sa fortune amassée sur le dos des crédules, Jess ne se résigna jamais à vendre sa maison de Plymouth, située au 27, Lambhay Street, dans une rue courbe qui depuis les contreforts de la citadelle royale descendait vers les quais et la mer. La maison changea fort peu après le décès de Vega. Tout juste Jess consentit-il à transformer, à l'étage, le dressing qu'utilisait son épouse en bureau pour sa fille. C'est dans ce bureau qu'elle obtint son bac et révisa ses concours militaires. Elle sut gré à son père de ne pas l'avoir mise dehors à 18 ans alors que leur relation se détériorait. Il l'installa au contraire dans la maison ; et ce fut lui qui prit le large.

Excellent marin, il embarqua seul à bord d'*Odette*, une fin d'été, mit le cap sur Ouessant, puis il doubla la Corogne et infléchit sa route vers les Açores, où il prit des nouvelles de sa fille. Il emprunta sur une table de restaurant un roman de Tabucchi, et se réapprovisionna en légumes et en eau. Après un peu plus de quinze nouveaux jours de mer, *Odette* parvint aux Bahamas. Il jeta l'ancre à Grace Bay, en hommage à sa fille, dans les îles Turks et Caïques, puis il fit voile vers Cuba. Il longea l'île par le nord et amarra *Odette* à la Marina Hemingway, dans le port de La Havane. Ce capitaliste invétéré qui ne savait plus qui il était passait dorénavant six mois à Cuba, où il vivait de peu, se laissait pousser la barbe, plus communiste que Castro, et six mois à Plymouth où il reprenait ses affaires, gérait sa fortune au penny près. Cette alternance de deux postures sincères et antinomiques pouvait intriguer ; elle ne surprenait pas sa fille qui y voyait l'expression d'une certaine hygiène de vie et d'un sens paradoxal de la mesure, car un excès compensant l'autre, son père sur la longueur d'une année pouvait prétendre désormais être quelqu'un de modéré.

Pour parler franchement, poursuivit-elle à l'intention de Karl lors de leur dernier entretien, la vente de crédit carbone au pape l'avait fait rire ; en revanche l'usage des fonds la désolait. Elle commença par expliquer que Jess avait la rancune tenace. Rien n'ébranlait sa conviction de vivre dans un monde profondément immoral et injuste, où la condition pour survivre dans une relative sérénité était d'être soi-même profondément immoral et injuste – comme Dieu le fut avec Job. Jess se vengeait de la disparition de sa femme par la dépense obstinée d'une énergie malintentionnée. Dans le registre psychanalytique, il était jungien ; et vraisemblablement, pour ne pas s'intéresser à la chose, il l'ignorait.

— C'est-à-dire ? demanda Karl.

— Je suis le diable, avait répondu Jess à Grace en soulevant un sourcil.

— Vous pensez que le diable existe ? poursuivit Karl.

— Si mon père existe et si mon père est le diable, alors le diable existe.

— Faut-il le craindre ?

— Le diable ?

— Je vous laisse choisir.

— Mon père est inoffensif, aussi bon qu'il peut être mauvais.

— Croyez-vous en Dieu ?

— Je ne crois pas, je sais.

— Et que savez-vous ?

— Je sais que telle fut la réponse de Carl Jung à votre question.

— Je ne connais pas de Jung qui soit candidat astronaute.

— Vous êtes drôle.

(elle rit)

— Merci.

(Karl ne rit jamais)

— Si un membre d'équipage suivait la messe, priait Allah ou faisait shabbat, comment réagiriez-vous ?

— Tant qu'il se charge pendant ce temps des missions qui lui sont dévolues, je réagirais très bien.

— Pourquoi disiez-vous que votre père était jungien sans le savoir ?

— Il ne croit pas à l'idée d'un Dieu infiniment bon. Comme Jung, il réfute le principe du *privatio boni* selon lequel le mal n'a pas d'existence propre – selon ce principe le mal serait seulement un manque, une simple absence de bien. Je pense même que mon père pencherait pour le principe du *privatio mali* – le bien n'a pas d'existence propre, il est en creux ce que le mal ne peut combler.

— Approuvez-vous ses expérimentations de géo-ingénierie en Colombie-Britannique ? demanda Karl.

— Évidemment non, répondit Grace.

— Savez-vous que votre père encourt une peine de prison si des poursuites sont intentées contre lui ?

— Il a violé la convention sur la diversité biologique de l'ONU, je le sais et il le sait. Nous sommes en désaccord sur ce point.

— N'avez-vous pas essayé de l'influencer ?

— Il est adulte et moi aussi.

— Vous êtes sa fille.

— Me reprochez-vous ses expérimentations à Haida Gwaii ?

— Quelle sera votre réaction, une fois dans la station spatiale internationale, lorsque vous apprendrez que votre père fait l'objet d'un procès et risque la prison ?

— Je me dirai, et lui répéterai, qu'il l'aura bien cherché.

— Le Vatican devait-il signer un contrat de reforestation avec BioClim ?

— Ce que l'on attend d'un État responsable est qu'il prenne des engagements pour réduire ses émissions de gaz à effet de serre.

— La compensation d'émission par l'accroissement des forêts en Hongrie en fait partie.

— Vous plaisantez.

— Je plaisante ? interrogea Karl, qui n'avait jamais entrevu son existence sous un tel aspect.

— Vous pouvez tuer dix personnes et en sauver dix ensuite, vous aurez tué dix personnes tout de même. Les compensations ne règlent pas le problème.

— Que feriez-vous dans la station spatiale internationale si en cas de problème, vous aviez 50 % de chances d'aider un autre astronaute en conservant la vie sauve, et 100 % de chances de conserver la vie sauve en le laissant mourir ?

— Tout dépend de la gravité du problème.

— Saviez-vous que Carl Jung avait été l'agent 488 des services secrets alliés pendant la Seconde Guerre mondiale ?

— Je l'ignorais.

— Avez-vous lu *Un mythe moderne*, ouvrage que Jung consacra, après la mort de sa femme, aux soucoupes volantes ?

— Non. Devrais-je le faire ?

— Je vous laisse juge : dans son *Mythe moderne*, Jung adopte un point de vue psychologique sur les témoignages d'objets volants non identifiés – on les appelait encore « soucoupes volantes », dans les années 1950, lorsqu'est sorti son essai. La perspective n'est pas inintéressante. La vie extra-terrestre aurait une matérialité d'une double nature. La sienne propre, et celle qui est le fruit de la projection de nos perceptions et de notre inconscient collectif. Autrement dit, si vous et vos équipiers rencontrez une vie extra-terrestre durant votre mission, c'est en partie les hommes qui l'auront créée.

— Le contraire est tout aussi plausible.

— Nous serions des créatures extra-terrestres ?

— Une même entité.

— Des poupées russes emboîtées.

— C'est une image à laquelle je n'avais pas pensé.

— Il faut penser à tout pour devenir astronaute.

— Y compris à voir sa combinaison se remplir d'eau au point de manquer se noyer.

Karl durant chaque entretien se montrait le moins aimable et Grace fut la seule, par ses reparties, à le lui signaler.

Il faut souligner ici le caractère asymétrique des discussions : les deux personnes ne disposent pas des mêmes informations. L'apprenti astronaute pourrait mentir sur lui-même, dissimuler, comme il arrive parfois dans des entretiens d'embauche conventionnels ; mais il sait que tel n'est pas son intérêt. Celui-ci lui recommande au contraire d'être transparent, à la fois dans la substance de ses réponses, et dans la chorégraphie de son raisonnement. À l'inverse, le personnel affecté au recrutement sait quantité de choses qu'il passe sous silence. Il connaît les performances des autres candidats, l'éventuelle première liste de six noms circulant au sein de l'Agence. Il sait surtout ce qu'ignoreront les astronautes jusqu'aux toutes dernières heures précédant l'envol : en plus des expériences scientifiques à finalité civile qu'ils devront effectuer en orbite, une liste restreinte de « tâches de sécurité » – en clair des tâches militaires – est inscrite au menu de leurs occupations. Elle est bien évidemment secrète ; et même a posteriori, après la mission effectuée, vous n'entendrez pas un astronaute la divulguer.

Il faut en effet être bien crédule – et nombre de candidats le sont – pour penser que des nations financent à hauteur de plusieurs centaines de millions d'euros par an des vols habités avec pour seuls objectifs d'accroître nos connaissances sur le comportement de l'homme dans l'espace et de prendre soin de la station. Depuis le temps que la station spatiale internationale tourne en orbite, les Terriens ne manquent pas de données. Alors à quoi bon envoyer des hommes sous cette orbite si proche, dans cette boîte en fer où rien ne peut arriver hormis une série de pannes rendues inévitables par sa vétusté ?

C'est sur la finalité véritable de la mission orbitale que portait l'ultime série de questions posée aux dix derniers candidats. Elle commençait par l'interrogation suivante :

— Pouvez-vous me dire ce que vous savez exactement de la sonde Voyager ?

Il existe non pas une sonde Voyager, mais deux. Voyager 1 et Voyager 2. La première anomalie survient dès le début du programme d'exploration spatiale des deux sondes. Voyager 2 est lancée le 20 août 1977 de Cap Canaveral en Floride. Voyager 1 est envoyée dans l'espace seize jours plus tard, le 5 septembre. Voyager 2 est donc lancée avant Voyager 1, et non pas après, comme on aurait pu le croire d'après leur numérotation.

Les dates de lancement s'inscrivaient dans une fenêtre de tir particulière : les deux sondes devaient tirer profit d'un alignement planétaire qui ne s'était pas produit depuis cent soixante-seize ans. En passant à proximité de Jupiter, Saturne, Uranus et Neptune, elles bénéficièrent de l'assistance gravitationnelle : l'attraction des planètes les éjectait vers la suivante, comme l'aurait fait une fronde. Elles se balancèrent d'une planète à l'autre, sans avoir recours aux systèmes de propulsion à bord, jusqu'à sortir du système solaire et pénétrer dans le vide interstellaire. On doit à Michael Minovitch du Jet Propulsion

Laboratory de la Nasa d'avoir attiré l'attention le premier sur l'aubaine que présentait la gravité très élevée de Jupiter, laquelle pouvait servir d'accélérateur aux engins parvenant à l'approcher. C'est Gary Flandro, du même laboratoire, qui détermina par le calcul les dates de l'alignement des quatre planètes gazeuses, qu'il situait entre 1976 et 1978.

Conçus en période de restriction budgétaire après les efforts entrepris pour les missions lunaires, les programmes Voyager se bornaient, à l'origine, à collecter des données sur l'atmosphère et les satellites naturels de Jupiter et Saturne, alors inexplorées. Les sondes Pioneer 10 et 11 les avaient précédées au simple titre d'éclaireur, apportant des informations précieuses sur l'intensité du rayonnement autour de Jupiter et l'absence d'obstacles entre l'atmosphère supérieure de Saturne et ses anneaux. Il était prévu que les deux sondes aillent au-delà de Saturne, sans coût supplémentaire pour la Nasa, l'assistance gravitationnelle permettant d'économiser l'énergie embarquée.

La moitié des candidats environ, dont Grace, pouvaient restituer les grands accomplissements des deux sondes Voyager durant leur exploration du système solaire – exploration qui reste la plus fructueuse de toute l'histoire spatiale, pour un coût modique, estimé à moins d'un milliard de dollars sur toute la durée du programme. Grâce à elles, notre connaissance de l'atmosphère de Jupiter, Saturne, Uranus et Neptune s'est considérablement accrue. Pas moins de vingt-deux lunes ont été découvertes. Grace était la seule à avoir retenu ce chiffre. Ce ne fut pas décisif dans sa sélection mais tous les détails comptent.

On doit à Voyager 1 et Voyager 2 la découverte des volcans de Io, satellite naturel de Jupiter observé par Galilée au début du XVIIe siècle. On leur doit aussi la prise d'images de la surface d'une autre lune de Jupiter, Europe, révélant de possibles océans d'eau liquide sous la croûte de glace. On leur doit encore d'avoir détecté l'abondance présence d'azote dans l'atmosphère épaisse de Titan, satellite de Saturne, qui suggère l'existence de lacs de méthane et d'éthane liquide. Voyager 2 est le premier engin spatial à survoler la septième planète du système solaire, Uranus, dont elle découvre onze petites lunes.

Douze ans après son départ de Cap Canaveral, Voyager 2 survole Neptune, l'ultime planète du système solaire. Puis elle quitte le plan de l'écliptique – ce plan géométrique contenant l'orbite de la Terre et des autres planètes autour du soleil, à quelques degrés près – et se dirige vers l'espace interstellaire. Voyager 1 en a fait de même quelques années plus tôt, empruntant une route de sortie plus directe après son survol de Saturne.

Les deux sondes naviguent à la vitesse d'environ 17 kilomètres par seconde. À cette vitesse, le temps nécessaire pour atteindre la première étoile (« AC+79 3888 » dans la constellation de la Girafe, félicitations Grace) est de 40 000 ans. Voyager 2 survolera Sirius, l'étoile la plus brillante de notre ciel, dans 296 000 ans.

En plus d'être des instruments de mesure, les sondes sont comme des bouteilles jetées à la mer, à destination d'un rivage inconnu. Un disque de cuivre a été fixé à la base de la coupole. Il contient 116 clichés des différents continents, des schémas donnant la position de la Terre par rapport au soleil, les bases du système numérique, les grandeurs élémentaires employées en physique, et, en plus du mot « bonjour » traduit en 55 langues, divers cris d'animaux, dont des chants de baleine, ainsi que 27 morceaux de musique.

Parmi les pièces choisies par l'astrophysicien Carl Sagan et son équipe, on trouve des compositions de Bach (*Concerto brandebourgeois n° 2*, la *Gavotte en rondeau*, *Le Clavier bien tempéré*), Beethoven (premier mouvement de la *Symphonie n° 5*, *Quatuor à cordes n° 13*), du raga indien, du ch'in chinois, des chansons de mariage du Pérou, des chants navajos, mexicains, australiens, sénégalais. Et *Johnny B. Goode*, de Chuck Berry. On n'y trouve ni Moussorgski ni Tchaïkovski, ni aucun Russe, mais la Russie de Brejnev était non grata quand le programme fut conçu. Le disque de cuivre ne contient rien non plus de la part d'ombre de l'humanité. *Privatio boni.*

Le 17 février 1998, Voyager 1 établit un premier record d'éloignement de la Terre. En décembre 2004, la sonde pénètre dans l'héliogaine, qui est comme l'extrême banlieue de notre système solaire, après laquelle l'influence des vents solaires faiblit puis s'abolit. Elle franchit ce que l'on appelle le choc terminal et amorce son entrée dans le milieu interstellaire.

Le 29 décembre 2006 à 16 h 07, la sonde Voyager 1 cesse brutalement d'émettre.

Le 5 septembre 2007, date anniversaire de son lancement, la Nasa annonça sur son site que la sonde Voyager 1 était considérée comme perdue. Un compteur, sur la page internet de l'agence, permettait de visualiser en temps réel le défilement des kilomètres parcourus par les deux sondes. Le compteur de Voyager 1 désormais ne tournait plus. Voyager 2 continuait son trajet.

Plusieurs hypothèses furent émises pour expliquer le silence de Voyager 1. La première fut celle d'une panne des équipements radio. La sonde avait embarqué quatre ordinateurs, dans l'éventualité d'une défaillance. Les communications avec la Terre étaient assurées par un émetteur récepteur radio relié à une antenne parabolique. Le système de télécommunication avait été lui aussi doublé par précaution. L'énergie électrique provenait de la chaleur produite par la décroissance radioactive du plutonium 238 contenu dans trois générateurs. Que tous ces appareils fussent tombés en panne simultanément était hautement improbable. En particulier, la défaillance électrique était jugée peu convaincante. Il était attendu que Voyager 1 dispose de suffisamment de plutonium pour produire de l'électricité dans le noir de l'espace au-delà de 2020.

L'hypothèse qui recevait le plus de commentaires était celle d'une collision avec un astéroïde. La carte des astéroïdes dans l'au-delà immédiat de l'héliosphère est vierge : aucune sonde n'était sortie de notre système solaire pour l'établir, avant que Voyager 1 y pénètre. Quoique vraisemblable, l'hypothèse soulevait toutefois quelques objections. Pour autant que l'on sache la mesurer, et avec toutes les formules de prudence requises, on estimait que la probabilité d'une collision était plus faible que celle de voir deux nageurs traverser la Manche, l'un depuis la France, l'autre depuis l'Angleterre, et se heurter tête contre tête au milieu des flots. L'espace est vide, Voyager le parcourait à 40 000 km/h. Imaginer qu'un corps céleste croise sa course et le percute comme une catapulte relevait d'une malchance inouïe.

L'hypothèse avait contre elle, surtout, d'être frustrante. L'accepter était un renoncement pour l'équipe des techniciens qui depuis vingt ans avait suivi la progression de la sonde dans le ciel. Ce fut un déchirement pour eux de supprimer le compteur de Voyager 1 sur la page internet de la Nasa. Le compteur était bloqué à 15 986 982 728 km quand il fut retiré du site et stocké dans les archives.

Ce fut un déchirement aussi pour quantité d'hommes et de femmes, qui, sans être impliqués directement dans le programme d'exploration, avaient commencé à concevoir pour la machine des liens sentimentaux. À l'initiative d'un ancien cadre de la Nasa, une association fut créée. Les Amis de Voyager comptaient près de 8 000 membres et suiveurs sur Twitter. L'association entretenait la mémoire de la sonde et de ses accomplissements. Elle rassemblait sur son site internet les données et publications, régulièrement mises à jour, permettant d'expliquer sa disparition.

À chaque date anniversaire de son lancement, le 5 septembre, l'association intercédait auprès de la Nasa, par l'intermédiaire de son président, pour que les messages d'amitié et parfois même d'amour, rédigés par ses membres, soient envoyés par radio à la sonde, dans l'éventualité où réduite au silence mais toujours propulsée dans l'espace, elle poursuivait sa course dans le néant. Pour toutes ces personnes, Voyager est mieux qu'une machine. Elle est le meilleur de l'Homme. Cela ne crée-t-il pas quelques obligations ?

— Supposez qu'une sonde étrangère entre dans notre système solaire.

— Alors il faudrait nous préparer à l'intercepter.

— Nous avons eu ensemble une conversation sur Carl Jung.

— L'agent secret 488.

— Il soutenait que si des pilotes pouvaient être observés aux commandes des soucoupes volantes, ils seraient « quasi humains ».

— Faute de pouvoir imaginer autre chose, je suppose.

— Qu'imagineriez-vous ?

— Comme forme de vie extra-terrestre, vous voulez dire ?

— Oui.

— Tout dépend du lieu et de la date d'observation.

— À proximité de la Terre.

— Pardonnez-moi, mais puis-je vous demander d'être plus précis ?

— En orbite lunaire ou terrestre.

— À quel horizon temporel ?

— Pendant votre prochaine mission à bord de l'ISS, par exemple.

— En raison de notre éloignement de toute planète habitable – dans les conditions comparables à celles que nous connaissons sur Terre –, je déduirais que cette vie extra-terrestre vient de fort loin et qu'elle est donc très antérieure à la nôtre. Et par extrapolation de ce que nous connaissons depuis le développement des algorithmes et des ordinateurs de calcul au cours du dernier demi-siècle, je retiendrais l'hypothèse d'une civilisation ayant évolué vers une forme post-biologique et super-intelligente comparativement au niveau d'intelligence humain.

Ce furent les tout derniers échanges entre Grace et Karl. En dépit de son jeune âge, en dépit de son instabilité sentimentale, en dépit d'un environnement familial que Karl jugeait problématique, et qu'il vint à considérer comme simplement intrigant, Karl s'estima convaincu, comme tous les examinateurs l'avaient été avant lui, et les lecteurs de tabloïds plus encore. Grace Apollonia Russell fut acceptée dans le corps des astronautes européens. Elle avait tout juste 27 ans.

Celui qui était Camille, avant de tomber amoureux de Grace, Camille lui-même l'ignorait. De sa vie avant Grace, il ne se souvenait pas de grand-chose ; et s'en serait-il souvenu, il l'aurait oublié aussitôt. Contrairement à Grace, il parlait peu de lui – il parlait peu en général ; et il suscitait pour cette raison des réactions très contrastées parmi celles et ceux qu'il rencontrait, les uns lui attribuant du génie, les autres soupçonnant une prudente bêtise dans la parcimonie de ses propos. Ses souvenirs, il les confiait à ses machines, pour libérer de l'espace dans sa mémoire et évoluer plus à son aise dans la vie, sans tirer derrière lui une armée de fantômes et de chimères qui à son insu lui commanderaient d'agir. Bien évidemment c'est ce qu'il racontait, quand l'envie lui prenait de s'exprimer. Quand il parlait, ce n'était jamais vraiment lui ; et quand c'était lui, on ne savait pas qui c'était. Dans le langage commun, on aurait dit que c'était un drôle de type. L'essentiel des histoires qu'il racontait, il prétendait que c'était ses machines qui les avaient inventées.

Camille est informaticien. Il s'inscrivit en licence d'informatique à Paris, à l'université Descartes, après des études jugées médiocres par ses professeurs, et tout autant par lui-même, dans un lycée de Seine-et-Marne, en France. Pour expliquer ses mauvaises notes, il invoqua la topographie.

À l'université, il employa la moitié de son temps à tenter de séduire une jeune et jolie Portugaise assise chaque jour à la même place dans l'amphithéâtre. Il lui promit de l'emmener vivre au Brésil, au Mozambique ou en Angola; tout cela en vain, car elle s'asseyait à cette place pour séduire le jeune homme placé un rang sous elle, qui lui aussi ne changeait jamais de siège et l'embrassa un jour littéralement sous le nez de Camille, dans l'encadrement d'une porte. Camille en conçut un ressentiment farouche pour les lusophones, considérant dorénavant les perspectives d'un voyage au Brésil, au Mozambique et en Angola sous un jour teinté de mélancolie.

L'autre moitié de son temps, il l'employait à pirater le serveur de l'établissement et modifier les notes qu'y saisissaient les enseignants. Il était sur le point d'obtenir sa licence avec la mention très bien et des évaluations tout à fait louangeuses lorsque l'affaire fut éventée. Il croyait avoir pris toutes les précautions requises pour ne pas être découvert; il en avait omis une seule: son succès l'avait rendu fanfaron. Une enquête allait s'ouvrir lorsque l'étudiant qui l'avait dénoncé se ravisa et reconsidéra sa plainte. Camille avait entre-temps augmenté la moyenne de celui-ci avec le même procédé, et aussitôt pris le large, comme un bandit après un casse, pour se mettre au frais

– se jurant d'être dorénavant, pour toute chose, silencieux comme une tombe.

Nous perdons ensuite sa trace pendant près d'un an, si l'on fait exception de points ponctuels donnés par ses paiements en carte bleue, qu'il utilise peu et pour des sommes dérisoires. Il abandonne son téléphone portable et n'utilise plus ses adresses email habituelles. On sait néanmoins que Camille séjourne à Berlin, où il se lie d'amitié avec un groupe de pirates informatiques ; il se rend ensuite à Monterrey au Mexique où l'Université autonome lui délivre un diplôme, le doute persistant sur l'authenticité de celui-ci.

Après plusieurs années de pérégrinations durant lesquelles il multiplie les fracturations de serveurs informatiques au profit de commanditaires au nom d'emprunt, il réapparaît en Normandie, à Villers-sur-Mer, où il achète une bouteille de côtes-du-rhône bio, un paquet de gnocchis, du parmesan et des yaourts à la vanille « Le Petit Blonvillais » dans le supermarché du centre-ville. Cette dépense en carte bancaire fut une erreur qui eût pu lui coûter cher ; il recourait d'ordinaire aux achats en espèces ou en ligne par le biais de crypto-monnaie.

De ses pérégrinations, Camille était revenu pirate, comme le furent avant lui Drake, Bowen ou le Baron noir. Comme ces illustres ancêtres, les pirates informatiques ont leur nom de combat, leurs faits de gloire et leurs repaires. Dans une période où l'essentiel des transactions est dématérialisé et survient sur le Web, il n'est pas étonnant que les chasseurs de trésors se recrutent parmi cette flibuste particulière que sont les *geeks* et les *nerds*. Le Borgne, Mary la Rousse, L'Œil de verre, Jack Rackham, Anne Bonny, La Buse, Charlotte de Berry, Ching Shih, tous ces noms célèbres retrouvaient vie, et il en allait jusqu'à l'accoutrement de ces anciens gens de mer que l'on retrouvait sur le dos d'hommes et de femmes qui par plaisir de faire peur et souci de l'intrigue, pouvaient déambuler une longue-vue à la main, un bandeau barrant leur figure, dans les rues de Brighton ou de New York, et s'arrêtant à un arrêt de bus, bientôt entourés d'autres passagers, porter la lunette à leur œil unique et annoncer sur un ton de triomphe le numéro du bus qui approchait.

Tout comme aux siècles passés, les pirates s'entraidaient, à moins qu'ils ne se dévalisent. S'insinuant dans toutes les failles du capitalisme, lesquelles se confondaient avec celle des serveurs informatiques des personnes les plus aisées, ils devaient au concours d'autres pirates le succès de leurs razzias, et à la prudence dans le recrutement de ceux-ci la vitalité de leurs affaires. Comme un *vulgum pecus* mesure et fait connaître sa satisfaction relative dans la consommation d'un bien ou d'un service, les pirates se notaient eux-mêmes sur ce critère unique qui est celui de la fiabilité. La crainte persistait cependant que, fiable jusqu'à un certain point connu de lui seul, un pirate décide sur un gros coup de faire mentir sa réputation et dérobe au brillant cerveau qui en eut l'initiative l'essentiel de son larcin. Alors pour tenir ce difficile équilibre entre solidarité et suspicion les pirates vivaient-ils seuls et isolés la plupart du temps, si l'on ne compte pas pour de la compagnie les conversations et amabilités échangées entre divers avatars dans la société artificielle du Web.

Camille se reposait entre deux pillages chez sa mère, rue Alsace-Lorraine à Villers-sur-Mer, dans une maison avec une entrée sur rue et une autre dérobée. La légende veut que cette précaution fût devenue chez lui systématique, après qu'il eut descendu au grappin, au centre-ville de Monterrey au Mexique, les trois étages de la façade sur cour de l'immeuble du campus de l'université où il avait trouvé refuge, tandis que les gardes civils montaient quatre à quatre l'escalier.

Ponctuellement Camille disparaissait, s'extrayait de ses réseaux de pirate, semblait renoncer à ses activités illicites ; puis il reprenait ses activités, comme on retombe dans l'emprise d'une drogue, l'étreinte d'un vice. À Bogotá, il entretint une relation houleuse avec une jeune et glorieuse Colombienne, pirate tout comme lui. Ensemble, ils dérobèrent les fichiers d'une compagnie minière qu'ils vendirent à une compagnie concurrente ; puis il quitta son amante à regret, après s'être fait voler tous ses codes de comptes bancaires et d'emails.

Le printemps suivant, il fait surface à Moscou, après un nouvel hivernage chez sa mère à Villers. Il réintègre l'université Lomonossov, au prétexte d'obtenir un nouveau Master, en intelligence artificielle.

C'est à Moscou qu'il se lie d'amitié – mais peut-être le terme est-il trop fort – avec un jeune professeur, qui dispense deux jours par semaine des cours portant sur les applications de l'intelligence artificielle au marketing et à la communication. Ce jeune professeur remarque Camille, en premier lieu pour son âge : Camille approche alors de la trentaine ; mais il le remarque aussi en raison d'un mélange singulier de maturité et d'immaturité, d'intelligence et de sottise, qui donne l'impression d'un homme inachevé et en évolution rapide. Cette singularité se retrouve dans sa personne : Camille est grand, près d'un mètre quatre-vingt-dix, mais il a des pieds de ballerine et des mollets de femme ; sa physionomie est grave, austère presque, rendue impénétrable par la lueur narquoise, tantôt froide et sagace, tantôt chaude et imbécile, qui anime son regard lorsqu'il le pose sur vous.

C'est à Moscou, aussi, que Camille s'entiche de déguisements, de fripes et de costumes. On le voit dans la salle de classe tour à tour vêtu en redingote, en trois-pièces prince-de-galles, en vareuse de pêcheur, en bleu d'ouvrier, en survêtement d'athlète ; il porte tantôt un chapeau haut de forme, un melon, tantôt une casquette, un calot d'ouvrier ; d'autres fois il déambule avec une canne au pommeau doré, un monocle sur l'œil, comme Bel-Ami ou un gentleman cambrioleur du siècle passé.

Les casquettes et vestes militaires de soldats en déroute, les redingotes et les gilets qu'on aurait dit sortis d'un duel de Pouchkine, tout un vestiaire habillant les fantômes des grandes heures de l'Empire russe et de l'Union soviétique, étaient bradés pour quelques roubles, le jeudi et le dimanche, au marché d'Izmaïlovo. Camille y acheta de quoi remplir une malle. Il y fit l'acquisition de ce long manteau en poil de yack (c'était en réalité de l'astrakan), qu'il portera, autrement nu comme Adam, pendant sa lune de miel avec Grace, au bord du *pond,* en Cornouailles.

Par des algorithmes et la mise en réseau de plusieurs serveurs de l'université, Camille parvint à faire rédiger des scripts, et jusqu'à des slogans publicitaires, qu'un jury d'experts dans la chose marketing reconnut comme de qualité comparable à ce qu'ils auraient eux-mêmes produit. À leur contact, Camille acquit une seconde compétence : en plus de fracturer des serveurs et vivre des ventes de leur contenu, il pouvait dorénavant exercer une activité plus respectable consistant à mettre en réseau ses propres ordinateurs afin de leur faire inventer des histoires compréhensibles par des enfants et des ménagères – et des clients lorsque l'argent lui manquait pour poursuivre ses tours de Terre. Le professeur qui dirigeait ses travaux était moins intéressé par la publicité et le marketing que par le remplacement, dans des délais très rapprochés, des hommes par des robots dans absolument tous les corps de métier – inclus les métiers d'imagination que l'on croyait à tort sanctuarisés. Il proposa à Camille de poursuivre en thèse, et comme Camille objectait qu'il n'avait ni le temps ni l'envie de se lancer dans une telle aventure, le professeur lui répondit avec un sourire de chat que l'exercice, et la démonstration, consistaient précisément à ne rien écrire soi-même et à faire rédiger par une machine sa thèse de doctorat.

Camille posa sur le bureau de son professeur un message précisant « je reviens ». Jamais il ne tint parole. Il quitta Moscou sans prévenir personne et retourna à Villers-sur-Mer. Avec Louise, sa mère, il reprit la discussion là où il l'avait laissée, comme s'il était sorti cueillir des roses dans le jardin quelques instants plus tôt. Du reste, sitôt rentré, il salua ses roses, son pommier, ses deux mimosas, ses camélias et les trois oliviers qu'une rafale de vent faisait frémir comme pour le saluer. Louise était dans sa chambre et écoutait la radio. Elle ne l'avait pas vu depuis trois ans, autrement que lors de ses conversations par Internet. Elle était coutumière de ses disparitions impromptues et de ses réapparitions que jamais il n'annonçait. Louise était une femme libérale ; elle ne voyait le mal nulle part et n'envisageait que du bonheur pour elle et son fils. Elle avait de surcroît une confiance irraisonnée dans la bonne étoile de Camille qu'elle considérait comme un prodige. Elle s'accommodait qu'il fût pirate, rêvant pour lui et pour elle-même qu'il devînt romancier.

Dans l'intervalle, ce professeur de littérature anglaise à l'université de Caen, également traductrice, avait achevé le premier jet de sa biographie de l'écrivain Norman Lewis.

La maison était une bâtisse vieille d'un siècle, longue et étroite. Elle montrait aux passants sa largeur. Sa longue façade, perpendiculaire à la rue Alsace-Lorraine, donnait sur une série de jardins étirés comme des bandes, enclos par un potager et une ancienne chapelle, convertie en hangar nautique. Depuis le portail en fer, une allée étroite de graviers, bruyants sous les pas comme des morceaux de pain dans la mâchoire d'un cheval, conduisait à la porte d'entrée couverte d'une marquise. L'allée était ponctuée des trois oliviers, entre lesquels la mère de Camille étendait son linge et celui de son fils quand il l'honorait d'une visite.

Au rez-de-chaussée, un salon vitré donnait sur une terrasse de caillebotis. Au premier étage, la chambre de Camille possédait un balcon, depuis lequel on apercevait la mer. Le dernier étage était celui de Louise. Elle y avait son bureau et son lit, sa radio et ses livres. Elle fumait accoudée aux fenêtres, en regardant le faîte des grands arbres alentour, et la mer comme peinte à la gouache, qui fumait comme elle, jetant au ciel ses embruns. Elle était née dans cette maison, et prise au dépourvu par des contractions irrésistibles, y avait fait naître son fils, sur le tapis de la salle de bains.

L'impression de vivre dans un sous-bois était renforcée par la présence, de l'autre côté de la rue, d'un séquoia californien ; il était si grand qu'on disait qu'il servait d'amer aux marins. Il détonnait dans l'univers verdoyant des ormes et des frênes, des hêtres et des chênes verts, que l'on trouve plus couramment dans le bas pays d'Auge. Sa ramure épaisse ombrageait le jardin d'une folie, ancienne demeure d'un riche apothicaire américain. La folie était à présent une maison de santé. En hommage à Conrad, Louise la nommait la Folie Alzheimer. En plaisantant, elle disait à Camille qu'elle y finirait ses jours, se trouvant déjà un peu toquée ; et en attendant des protestations et des dénégations, elle lui demandait de l'y reclure dès les premiers symptômes de démence qui selon elle ne sauraient tarder. Lui n'y voyait aucun inconvénient, disant que ça libérerait un étage supplémentaire pour ses machines.

Elles arrivèrent au Havre par conteneur.

Elles tenaient dans huit caisses en sapin d'un mètre cube, posées quatre par quatre sur deux palettes, et enroulées d'un film transparent. Camille vint les chercher en sollicitant le van d'un ami de Louise, éleveur de chevaux, dans les hauteurs de Saint-Pierre-Azif. Ils se garèrent devant les douanes du port du Havre, sous une muraille de conteneurs colorée comme une construction en Lego. On pouvait voir, à l'encre rouge, en travers du film et reproduit sur des larges rubans de scotch, les mentions « haut » et « bas », en russe et en anglais.

Une caisse avait été ouverte par le zèle d'un douanier. Elle laissait paraître, sous le ciel zébré par les traits noirs des mouettes, une masse sombre de microprocesseurs, de diodes et de fils qui donnaient l'idée d'une chose qui à votre insu vous regardait. Les deux hommes chargèrent les caisses dans le van où flottaient les vestiges d'une odeur de crottin. Ils roulèrent jusqu'à la zone commerciale de Trouville, y chargèrent deux climatiseurs qui obstruèrent les derniers volumes restant à l'arrière, et regagnèrent la rue Alsace-Lorraine au volant de leur diesel, le cul bas comme une hyène.

Dans les jours qui suivirent, Camille s'enferma chez lui, occupé à monter ses machines. La salle à manger et le petit salon furent d'abord encombrés des huit caisses ; puis au fur et à mesure que Camille les vidait, les tables, buffets, piano, petit canapé qu'on y trouvait furent vendus, donnés, ou montés à l'étage de Louise. De jour comme de nuit, sans prêter attention aux sollicitations de sa mère, Camille soudait et assemblait.

Il souda et assembla les cartes mères, les processeurs, les différentes cartes auxiliaires ; il érigea les serveurs dans leur baie. Il y avait au total cinq serveurs, chacun ayant une attribution spécifique. Le serveur principal possédait un jumeau en secours, cela faisait deux. Puis il y avait un serveur utilisé tout à la fois comme leurre et comme protection contre des attaques extérieures, ce qui faisait trois. Il leur adjoignit un serveur secondaire, lui aussi flanqué d'un jumeau. Autonome, il devait entrer en conversation avec le serveur principal, et de cette conversation Camille attendait l'irruption d'une intelligence dissemblable de celle des hommes, mais comparable cependant, le serveur secondaire agissant comme la Lune qui tournant autour de la Terre assure à celle-ci une inclinaison propice à la succession de saisons et à l'apparition de la vie.

Les progrès en matière d'intelligence artificielle connurent au début du XXIe siècle une accélération souterraine et silencieuse, provoquée par la miniaturisation des processeurs, le doublement régulier des puissances de calcul, et l'abaissement concomitant de leur coût. Celui-ci évoluant en relation inverse de la puissance, il devenait possible pour des particuliers de s'équiper de moyens informatiques à l'identique de laboratoires universitaires. Les effets d'échelle dans la production transformaient des produits *high tech* autrefois luxueux en biens ordinaires ; et comme dans le même temps le nombre d'ingénieurs et de techniciens augmentait, le dialogue entre l'homme et la machine ne semblait jamais avoir été aussi soutenu et aussi fécond, promettant d'être rapidement dépassé par la conversation des machines entre elles. C'était là un des effets indirects et imprévus de la mondialisation.

Plus qu'à aucun autre moment de l'histoire, la concurrence et le partage en réseau agissaient comme les ferments d'idées nouvelles. C'est Roberto Unger qui a le mieux décrit la dialectique si particulière qui se cristallisa à ce moment du XXIe siècle entre, d'une part, la recherche d'une gloire personnelle, d'un plaisir égoïste propre à l'*animal spirit* cher à Keynes, et la mise à disposition gracieuse, d'autre part, des résultats de cette recherche au tout-venant. La particularité des authentiques *nerds* occupés à écrire les algorithmes et concevoir des machines surhumaines est qu'ils étaient à peu près indifférents au miroitement de l'argent. On peut même dire que c'était leur caractéristique première, au regard de laquelle il leur était possible de mépriser les milliardaires de la Silicon Valley.

Les authentiques *nerds* incarnaient en effet l'hybridation inédite de l'individualisme capitaliste et du projet de propriété collective que l'on trouve au cœur du projet socialiste. Roberto Unger voyait dans les technologies de l'information et la mise en réseau les moyens ultimes d'assurer le triomphe de ces deux modèles antagoniques de sociétés, et l'opportunité de s'en débarrasser tout en même temps. La fin de l'histoire ne s'écrivait pas dans des amphithéâtres à Harvard, Moscou ou Pékin mais dans des garages encombrés de fibres optiques, de processeurs assemblés par des individus incarnant la quintessence de l'égoïsme et du désintéressement.

Camille correspondait trait pour trait au portrait qu'il dressait de l'authentique *nerd*. Le profit ne motivait aucune de ses actions, ou si peu d'entre elles qu'il en demandait alors des sommes farfelues, comme tirées au hasard, sans référence à aucun prix de marché. Il faisait peu d'affaires, au premier motif qu'elles le distrayaient du cœur de ses occupations ou de ses loisirs, lesquels se confondaient le plus souvent : cependant le peu d'affaires qu'il faisait, il en tirait des rémunérations que ses contempteurs de la gauche traditionnelle trouvaient obscènes, et absolument indignes d'un homme de progrès. Mais il se fichait bien de paraître de droite auprès de gens de gauche, et inversement.

Une caractéristique peut-être le distinguait des *nerds* ordinaires : sa mère Louise lui avait donné le goût des livres, et singulièrement des romans ; et c'est souvent avec un roman sur les genoux que Camille attendait face à ses écrans que la programmation de ses algorithmes ait produit leur résultat. Il lut tard – passé l'adolescence, mais avidement. Cette particularité rejaillissait sur sa personnalité. S'il ne manifestait aucun intérêt particulier pour le sort de ses semblables et était à peu près indifférent à la réputation d'égoïste que ses contemporains pouvaient lui faire, il pouvait montrer des qualités de jugement esthétique et une certaine profondeur historique qui le distinguaient de ses compagnons pirates plus étroitement informaticiens.

À leur contact, il avait perfectionné pendant dix ans son art de l'effraction et de la dissimulation, comme un cambrioleur raffine sa pratique de l'ouverture de coffres dans la compagnie de voleurs plus aguerris. Il avait appris les manières de contourner les murs, d'envoyer des leurres, de tromper les machines dont la vigilance s'affûtait à mesure qu'elles étaient détroussées. Mais là où d'autres pirates rêvaient de déposer un message sur les serveurs du Pentagone ou du Kremlin, lui rêvait d'une gloire plus vaine. Sa mère était professeur de littérature ; elle avait rédigé une thèse sur le rire dans le roman et traduit quelques grands auteurs britanniques contemporains vers le français. Il prit le pari avec elle que des machines pouvaient par imitation et par empathie, aussi bien que des hommes, raconter des histoires, développer des récits, et, inconcevable prouesse, faire rire comme un humain.

Les hommes ont des relations parfois très personnelles avec les machines, relations empreintes d'affection qu'ils n'ont pas en revanche pour des appareils, sans doute en raison de la part inégale de mystère entourant ces deux types d'objets. Car une machine n'est pas un appareil ; et la réciproque est vraie. Les machines dans bien des cas remplaçaient des animaux qui autrefois pourvoyaient à leur tâche, tandis que des appareils ne sont que des inventions aux finalités réduites qu'aucun animal n'exécutait avant eux.

Louise par exemple ne pouvait travailler ou lire sans écouter de musique, et elle ne pouvait pas cuisiner, manger, se doucher et étendre son linge sans que le poste de radio fût allumé. Pour autant, il ne lui serait jamais venu à l'idée de donner un nom à son ordinateur, son amplificateur stéréo, ou à son poste radio (qu'elle appelait « TSF »). Elle aurait été terriblement malheureuse que l'un ou l'autre tombe en panne mais elle n'éprouvait pour chacun aucun lien particulier. Ils n'étaient pas des machines ; ils étaient des appareils, au même titre qu'un lave-linge, un téléphone portable, un ordinateur ou un grille-pain qui ne cristallisaient ni ne provoquaient aucun mouvement d'affection singulier.

En revanche, elle possédait une vieille Renault qu'il lui arrivait de tutoyer, même si elle trouvait la chose idiote et n'appréciait pas particulièrement les voitures. Mais la voiture remplaçait le cheval et en nommant l'un, on rendait hommage à l'autre. Sa bicyclette pouvait aussi recevoir quelques paroles et être encouragée, dans les côtes en particulier. Elle lui consacrait assez d'efforts pour en retour s'offrir le réconfort de l'associer à sa peine quand toutes les deux revenaient de Benerville et montaient la pente raide flanquant le mont Canisy, avant de descendre vers Blonville et rejoindre Villers ; alors, baissant la tête et arrondissant le dos sur son guidon, elle félicitait sa monture dont elle aurait presque flatté l'encolure, n'était que ce geste requérait de lâcher le guidon et qu'elle redoutait de tomber.

Elle se trouvait embarrassée pour désigner la chose, ou plutôt les choses, que Camille avait accumulées dans la salle à manger au rez-de-chaussée. Au début, elle l'appela « l'ordinateur », mais il n'avait pas de point commun avec l'appareil désigné par le même terme qu'elle utilisait pour envoyer ses courriers électroniques, préparer ses cours et saisir les notes de ses copies. Si ce n'avait été qu'un ordinateur, elle n'aurait pas ressenti le besoin de le nommer. La machine assemblée par Camille ne remplaçait rien de connu mais semblait se substituer à un animal sur le point d'advenir, qu'il aurait été indigne, et peut-être dangereux, de ne pas nommer. Louise voyait cette masse sombre clignotant de diodes vertes et jaunes. Elle sentait qu'elle avait devant elle une chose hybride, simplement elle se trompait en croyant que cette chose tenait le milieu entre la machine et l'appareil. Ce n'était pas ce milieu-là qu'elle tenait, mais celui dans l'espace encore vaste, quoique chaque jour plus restreint, séparant la machine de l'humain.

Les baies contenant les disques durs et les processeurs étaient montées en colonnes hautes de près de trois mètres. Elles couvraient trois murs entiers, séparées de ceux-ci d'une cinquantaine de centimètres afin de laisser à Camille la possibilité de circuler pour effectuer des réparations ou des branchements à l'arrière des serveurs. Au milieu de la pièce, deux tours complémentaires s'élevaient, reliées aux premières par des câbles rouges et bleus qui depuis le sommet circulaient sous le plafond, retenues par un réseau de claies métalliques de couleur argentée. Sur le plus grand mur, deux écrans étaient placés à mi-hauteur, encastrés entre les baies, en symétrie l'un de l'autre. Au centre, un troisième écran et un clavier étaient posés sur une petite table devant laquelle un fauteuil métallique attendait son maître. Les deux fenêtres que contenait la pièce avaient perdu leur fonction. La première était obstruée par les processeurs, la seconde par le climatiseur que Camille y avait fait maçonner pour plonger les premiers dans une atmosphère quasi polaire qui donnait à la pièce une atmosphère funèbre, comme à ces chambres froides qui ne sont que les antichambres de l'éternité.

Avec ses lumières pâles produites par les écrans de contrôle disposés sur les processeurs, ses diodes jaunes scintillant et les traits luminescents des fibres optiques qui s'étiraient comme des étoiles filantes ou des queues de comètes, la pièce, la nuit, avait quelque ressemblance avec un ciel nocturne découpé dans une tranche de la galaxie. On n'y voyait pas la Terre, ni Mars ou Jupiter, mais des constellations géométriques essaimant leur soleil dans l'éther mystérieux tout teinté de bleu. Le bruit continu du climatiseur vous sortait cependant très vite de votre première rêverie pour vous projeter dans une autre. Dans l'illusion d'un élan donné par le ronronnement des moteurs, la pièce selon vos sens bernés l'un après l'autre devenait mobile, et c'était tantôt l'univers en mouvement, tantôt un vaisseau bourdonnant qui vous emportait vers le néant.

Les seuls rayons du soleil que recevait la pièce provenaient de la porte la séparant de la cuisine, celle-ci disposant d'une baie vitrée donnant sur le plus méridional des trois oliviers. Cependant même dans cette lumière la pièce demeurait obscure et inquiétante. Avec ses deux écrans noirs qui semblaient vous fixer tels deux yeux, la chose acquérait une physionomie, et comme une intention à votre endroit, sans qu'en retour vous n'osiez rien lui dire. De surcroît, seul Camille y avait accès. Louise prit l'habitude de détourner le regard quand la porte de la cuisine était ouverte.

Elle s'occupait à la lecture des épreuves de sa biographie de Norman Lewis, cependant que Camille s'attelait à remplir les disques durs de ses serveurs.

Parfois il faisait des crêpes pour sa mère, qui se plaignait constamment d'avoir de grandes fesses – affirmation que jamais Camille ne démentait – et un appétit plus grand encore. Il surveillait d'un œil ses écrans par la porte entrebâillée, faisant tourner comme des lunes ses crêpes au-dessus du feu. C'est dans cette attitude qu'il reçut un message de Monterrey, au Mexique. Un de ses compagnons de classe de l'université lui demandait s'il faisait quelque progrès dans la production d'histoires, l'invention de récits. Il précisait que le cas échéant, il avait ferré un gros poisson, prêt à acheter à prix d'or les résultats de ses expérimentations.

Vincent Voragine commença sa carrière au XXe siècle, au Programme des Nations unies pour l'Environnement. Il possédait une licence d'histoire et l'époque ne se souciant pas encore du chômage, il ne voyait aucune raison de poursuivre ses études. En revanche, il souhaitait voyager. Consciencieux et fiable, suffisamment ambitieux pour plaire à sa hiérarchie et se faire respecter de ses collègues, il gravit les étages de ce grand bâtiment soviétique qu'est la bureaucratie onusienne. Il occupa des postes à Nairobi, New York puis Paris. La légende familiale dit que son père, avant de mourir, lui demanda s'il comptait passer toute sa vie à remplir des formulaires. La légende dit aussi que Voragine, piqué au vif, envoya sa démission le matin des obsèques, murmurant sur la tombe de son père où pleuvaient les mottes, « la mort est creuse », tant le cercueil résonnait, puis « tu peux reposer en paix, je ne travaille plus à l'ONU », qui aurait sa place dans un florilège des hommages funèbres les plus incongrus.

Il regretta de ne pas avoir mieux connu et aimé son père, personne ombrageuse et taciturne lui présentant, dans son souvenir, une figure perpétuellement contrariée. Ses yeux d'enfant y lisaient le constant reproche d'avoir été dérangé. Les mauvais pères, vivants, sont aussi de mauvais pères morts. Au terme de la cérémonie funéraire, Voragine tournant le dos au cimetière songea qu'il laissait derrière lui ses meilleures années. Il alterna ensuite, avec une irrégularité problématique pour l'organisation de ses journées, les périodes d'euphorie extravagante et de mélancolie résignée.

La naissance de son fils Paul ne changea pas grand-chose aux variations de ses humeurs.

La mort enlève et donne parfois. Voragine saisit l'opportunité du décès d'un ami en poste chez Pepsi-Cola pour offrir ses services au géant du soda ; il découvrit la bureaucratie des multinationales et s'y montra à son aise, gravissant les échelons avec la régularité besogneuse d'un sherpa. À 39 ans, il dirigeait en France le département dit de la « responsabilité sociale et environnementale » de PepsiCo, qu'il surnommait lui-même le « placard à balais ». Dans la hiérarchie des valeurs des grands groupes de l'agroalimentaire, le développement durable était en effet considéré dans le meilleur des cas comme l'opportunité de paraître respectable à moindre frais, et au pire, comme une idiotie à la mode, et qui, comme toutes les modes, finirait par passer.

Dans la première moitié du XXIe siècle, aucune entreprise ne pouvait prétendre survivre en Bourse sans disposer d'un département du développement durable, dont l'essentiel des activités se bornait à faire la réclame des progrès effectués par les diverses marques du groupe en matière de droits humains et de protection de l'environnement. Dans certains cas, les résultats étaient authentiques et dignes de louanges ; plus couramment, ils confinaient à l'anecdote, de sorte que les personnels affectés au département du développement durable devaient en permanence se justifier auprès de leurs collègues des autres départements, au risque d'accroître plus encore, par leur insistance, le doute sur la qualité et l'intérêt de leur métier. Un rapport en quadrichromie sur la responsabilité sociale et environnementale, dit rapport « RSE » venait tous les ans témoigner, chiffres à l'appui, de l'inclination inéluctable de l'entreprise vers la plus complète respectabilité.

Ces rapports à l'origine contenaient peu de photos, et quantité de tableaux, de camemberts, de courbes, et autres histogrammes, tous plus rébarbatifs les uns que les autres. Vincent Voragine fut parmi les premiers à y intégrer des histoires. Des histoires de vies, des histoires de lieux, des histoires d'animaux – peu importe, il fallait des histoires qui fassent oublier qu'une usine est une usine, le chlore un polluant, et les employés des êtres corvéables, à la différence des actionnaires qui méritaient d'être choyés. Les départements du développement durable s'épiant les uns et les autres et se copiant entre eux, le standard des rapports annuels devint celui mis au point par Voragine. Fort de son succès, il fut acheté par la concurrence.

Voragine passa chez Walmart puis Nestlé, amassant une considérable fortune. Les groupes russes Cherkizovo et Gazprombank lui firent des offres qu'il déclina pour donner ses faveurs au groupe bancaire Agrobank ; il venait d'avoir 55 ans.

Voragine rejoignit Agrobank quelques mois après une de ces crises qui secouent le capitalisme et menacent de l'achever. Comme effarés à l'idée que l'accumulation pourrait un jour cesser, les capitalistes se promettaient les uns et les autres plus de transparence et de moralité. Spéculer devenait un gros mot, la finance une harpie. Et des institutions pourtant très conservatrices comme le FMI et l'OCDE se faisaient les chantres d'un capitalisme moins inégalitaire et brutal. Dans le frémissement d'indignation que causaient les ravages de l'effondrement boursier, Voragine fit le pari que pour se survivre à lui-même, le capitalisme n'avait d'autre choix que de se moraliser. L'épargnant et l'actionnaire allaient dorénavant chercher des titres de placement irréprochables, le consommateur de demain serait éduqué, altruiste, soucieux de son environnement ; il n'achèterait plus des simples savonnettes ou des actifs financiers mais un récit, et il en irait de même du salarié, qui chercherait à justifier son travail en inscrivant celui-ci dans une belle histoire avant même d'aborder la question du salaire : c'était un engagement à rendre le monde meilleur qui bientôt allait réunir prolétaires et consommateurs du monde entier, pour le plus grand profit des actionnaires, comme vous vous en doutez.

À 60 ans, son capital travaillant pour lui et lui offrant de meilleurs rendements que les revenus de son travail, Voragine envisagea très sereinement de cesser d'être salarié. Il ouvrit une société de conseil, et puisant dans un carnet d'adresses rempli par le constant labeur de toute une vie, il s'offrit le privilège de ne travailler que pour une poignée d'amis. Sa femme de son côté renonça à être épouse à plein temps : elle se fit acheter par son mari une maison sur une île des Cyclades où, dans la compagnie d'oliviers, du meltem chantant et du bruit inquiétant des vagues, elle passait le plus clair de son temps à lire des romans. Elle accepta que Vincent vînt lui rendre visite une fois l'an ; il restait tout juste une semaine puis retournait à ses activités de conseil, dont elle était encore moins curieuse qu'à l'époque où ils vivaient conjugalement. Cet arrangement leur semblait supérieur à tout autre, car plutôt que d'anéantir le peu d'amour qui leur restait par la régularité de soirées toujours identiques, ils préféraient éprouver la persistance fragile d'un lien d'affection, comme rendu plus vigoureux et sensible grâce à l'éloignement.

Voragine comptait de nombreux amis du même âge qui, comme lui, avaient été des témoins actifs des splendeurs et des misères du développement durable ; tous avaient acquis une fortune confortable, mais il leur manquait à chacun, et Voragine s'incluait parmi eux, un élément substantiel d'héritage, un legs, qu'ils pussent regarder avec fierté et transmettre aux générations suivantes, disant : « Cela, nous l'avons fait : préservez-le. »

Qu'avaient-ils fait ? La question était vertigineuse, car contrairement à ces énigmes qui n'acceptent qu'une seule réponse, l'interrogation qu'il se formulait à lui-même comme d'autres cadres de la même génération recevait un nombre considérable de réponses, selon le point de vue et l'humeur de celui qui les énonçait. Et comme ses humeurs étaient variables, il alternait les jours où il se couvrait le torse de médailles, et d'autres où une boue noire étalait sur son plastron les taches infâmes de la compromission. Il se dit d'abord qu'il allait écrire un livre, une somme, qui serait son témoignage et en même temps le patrimoine intellectuel qu'il donnerait au temps présent. Alors il acheta un bureau tout exprès, où pour être tranquille, il passerait ses matinées à écrire sans ouvrir ses téléphones et ses ordinateurs.

Son bureau était situé à Rueil-Malmaison, à deux cents mètres du vaisseau amiral de la filiale française d'Agrobank. Longiligne, l'immeuble était érigé à l'étroit, entre les voies du RER et l'autoroute A86. Le bureau de Voragine se situait au dernier étage ; on pouvait apercevoir à travers la baie vitrée les frondaisons des arbres qui en bord de Seine, dans le parc des Impressionnistes, étaient cernés de bâtiments industriels transformés en bureaux. Dans ce tableau de la victoire des services sur la manufacture, qui semblait peint par-dessus les guinguettes et les canotiers de Renoir, les ondulations des bouleaux, effilés et sinueux comme des pinceaux, mettaient entre les toits de ferraille et de verre des touches d'une fragile mélancolie.

Ne parvenant pas à écrire deux lignes qui côte à côte tinssent debout, il fit la réclame de son idée auprès de ses amis tout jeunes sexagénaires. C'est un pli courant de l'individu dont le désir d'écrire tarde à s'accomplir : il parle de son désir à tout-va, ignorant que par là en réalité il s'émascule. Alors plutôt que de rédiger un livre, il songea à vendre son idée à d'autres. Il peinait à être auteur : il s'installa éditeur. Il allait publier l'histoire d'une époque, racontée par ceux qui avaient voulu la transformer et pouvaient prétendre, pour partie, avoir connu le succès ; car il ne faut pas désespérer le lecteur. Pour quelle partie exactement, c'est ce que le lecteur était invité à découvrir, chaussant les bottes de ces nouveaux mages, et arpentant le temps à rebours, mais aussi en avant, à grands pas bondissants.

Le « Discours sur l'avenir » devint grâce à Voragine un standard de cette production éphémère qui est celle de l'édition d'affaires, chaque P-DG ou cadre distingué souhaitant inscrire son nom sur la couverture d'un livre. La mode des ouvrages expliquant comment faire fortune était passée, comme si la chose était devenue triviale ; le nouveau pli était de sauver le monde, ou à tout le moins de lui donner un sens, et à défaut de parvenir à révéler celui-ci, les hommes ayant réussi s'employaient-ils à spéculer sur sa direction.

Pour avoir été aux affaires, et l'être encore pour la plupart d'entre eux, ils savaient qu'une bonne histoire ne doit pas être d'une seule nuance, d'un même ton. Ils annonçaient des catastrophes mais laissaient ouverte la possibilité d'un sursaut, d'une prise de conscience collective, permettant aux Terriens et à leur vaisseau d'éviter les récifs dentelés vers lesquels l'obstination de leur égoïsme les dirigeait. La période était sans précédent, les Terriens vivaient un grand bouleversement ; et à n'être qu'un grain minuscule dans un grand sablier, au moins se consolait-il en vivant le moment de son renversement.

Le point commun de tous les sexagénaires, amis ou connaissances de Voragine, tous ces cadres, premiers de cordée, capitaines d'industrie, toutes ces gloires du capital qui l'âge vieillissant et la vue baissant s'affirmaient grands penseurs et visionnaires, est qu'ils étaient tous matheux, à de très rares exceptions près. Non qu'ils n'aient jamais lu de romans ; certains en écrivaient même ou parlaient de le faire. Mais ils devaient leur succès, leur position sociale, leur autorité, à ce génie particulier qui est celui des mathématiques. Aussi fondamentalement pensaient-ils maths, laquelle pensée est d'une rationalité particulière. Elle a l'avantage de la clarté, mais l'inconvénient d'être dépourvue de sentiments. Conscients de ce qui pourrait passer pour une lacune, ils cherchaient, dans leur ouvrage, et plus encore dans les discours qu'ils donnaient pour en faire la promotion, à introduire un peu d'humour et de fantaisie, comme on ajoute au pinceau, sur la peau d'un mannequin, quelques taches de rousseur pour le rendre plus vivant.

Avec son long nez flairant les bons coups avant les autres, Voragine créa sa maison d'édition. Ce qui devait être une distraction dans l'existence tranquille d'un préretraité devint une occupation à part entière, tant le succès fut exigeant. La première année, Voragine édita trois Discours sur l'avenir ; deux d'entre eux eurent un indéniable retentissement. Il est vrai que les auteurs étaient de grandes figures, des philanthropes de renom, déjà présents dans les médias, qui autant pour faire plaisir à un ami que pour se prémunir de la désillusion d'être publiés par une grande maison sans vendre beaucoup d'exemplaires, avaient choisi les éditions Voyager.

Auteurs autant que mécènes, ils se rendaient à Rueil, dans le long bureau de leur ami, avec lequel, entourés des peintures de la sonde qui donnaient un surcroît de hauteur et de profondeur à leur projet littéraire, ils jetaient de grandes idées que saisissaient au vol de silencieux stagiaires, véloces comme des estafettes. L'exercice se répétait au moins une fois ; puis d'autres stagiaires, recrutés dans des écoles de commerce ou à l'École normale supérieure, transformaient les dialogues en récit. Voragine ensuite faisait appel à divers nègres pour modeler le style, et en deux mois, le livre était fait.

La seconde année, il publia dix Discours, puis ce fut comme une avalanche. Il recruta une secrétaire, une éditrice, et songea avec un plaisir non dépourvu d'orgueil qu'il tenait là un succès démontrant a posteriori que s'il avait voulu, autrement dit, s'il n'avait pas fait l'idiot à vendre du développement durable comme de l'orviétan, il eût terminé plus riche encore que le plus riche des riches au classement de *Forbes*. Réconcilié avec lui-même par ce rétablissement, et un peu grisé par son affaire, il commença à donner des entretiens. Le succès de ses amis proclamés penseurs rejaillissait sur lui. Quoiqu'il n'eût rien écrit jusque-là, hormis des rapports RSE quelques décennies plus tôt, il tirait une gloire par procuration de ce que ses nègres avaient produit. Lui qui n'avait pas un grand diplôme, et moins encore, un grand diplôme de mathématiques, tenait sa revanche : il fit une fois la une de *Rolling Stone*, eut droit aux colonnes de *The Economist*, et commença à être invité aux conférences où ses auteurs étaient annoncés.

Voragine conservait cependant quelques failles. Il n'aimait pas prendre la parole devant un large public, sauf à lire ce qu'il dirait. Et il avait les plus grandes peines à écrire. On vit très bien à l'intérieur de la géographie que ces failles dessinent. Lui pourtant avait des angoisses, qui étaient comme l'autre face de la pièce de son succès. Il avait peur, comme dans certains cauchemars, de se retrouver devant une salle comble, face à un pupitre où aucune feuille ne serait posée, avec pour obligation de déclamer un discours sans personne pour le lui souffler.

En homme d'affaires responsable, il commanda à ses nègres un Discours sur l'avenir, qui cette fois serait le sien.

Contre toute attente, car il croyait la chose facile – quoique hors de sa portée –, il jugea le résultat décevant. Il n'y trouvait pas ce qu'il voulait, faute d'avoir précisé ce qu'il désirait et sans doute de le savoir lui-même ; en revanche il reconnaissait tous les emprunts faits aux Discours précédents.

Il confessa sa désillusion à son fils, avec lequel, depuis l'éloignement de son épouse dans la mer Égée, il se découvrait des liens d'affection qu'il n'aurait pu soupçonner lorsque Paul était adolescent. Paul était proche de sa mère. Voragine lui avait offert une éducation américaine, sans que cette dépense comblât la distance qui les séparait. Puis Paul avait commencé à travailler, et découvert l'atrophie du temps pour soi que provoque la succession de journées toutes chargées.

Électronicien de formation, spécialisé dans la miniaturisation des processeurs, Paul fit toute sa carrière aux États-Unis. Il obtint son *Bachelor* à l'université de Berkeley en Californie, emprunta 80 000 dollars à son père et s'inscrivit en Master à l'université de Stanford. Lors d'un semestre d'échange à l'université mexicaine de Monterrey, il fit pour la première fois connaissance de pirates, dont certains, chevronnés, resteraient ses amis, quoiqu'il renonçât à les suivre dans leurs activités. Monterrey était à l'époque un centre universitaire parmi les plus radicaux et libertaires que les deux Amériques pouvaient compter. C'est à Monterrey que Camille avait lui aussi obtenu un diplôme. La légende de ce Français descendant au grappin trois étages d'un immeuble du campus alors que la garde civile montait en crépitant les escaliers était encore dans toutes les têtes lorsque Paul rejoignit l'université. La gloire de Camille rejaillit en partie sur lui, par le simple fait qu'il était français ; mais elle s'éteignit assez vite, Paul n'ayant ni le culot, ni l'aplomb, ni l'inconséquente folie de son compatriote. Il resta chez Paul un goût insatisfait pour la transgression, et un lien de principe, tissé par les *Alumni*, ces réseaux d'anciens élèves, le rattachant à Camille bien qu'il ne l'eût jamais rencontré.

De retour en Californie, Paul travailla à San Diego puis San Francisco pour des start-up, puis de manière plus durable, pour un prestataire informatique de Boeing et de la Nasa. Il intégra la Nasa comme salarié à plein temps lors de l'extension des crédits de l'agence, sous gouvernement républicain ; il avait 29 ans. Comme son père, quoique plus secret, il inspirait confiance. Il fut rapidement promu, et après dix années d'activités à programmer les serveurs, il prit un poste à responsabilité au département de la communication. Il acheta un appartement à Washington, où son père lui rendit de régulières visites après l'installation de sa mère dans les Cyclades. Des cartes postales de l'île de Sérifos décoraient son frigidaire.

Paul conservait de son premier métier une proximité avec la communauté des informaticiens. Cette communauté rassemble une population d'individus qui comme des icebergs présentent une face immaculée sans rien révéler de la partie dissimulée soutenant la première. Un informaticien est aussi comme un diamantaire ; il ne peut être dépourvu d'une certaine tendresse pour les faux que les malfrats déguisés soumettent à sa sagacité, et sans lesquels son œil perd la faculté de distinguer ce qui est authentique et ce qui est contrefait. À l'identique, un informaticien se tient à la frontière de deux mondes, celui de la loi et de la lumière, et celui des ténèbres et de la clandestinité, dont il ne s'éloigne jamais.

Il était entendu pour Paul que le nègre que recherchait son père était une machine ; la question qui demeurait était celle de l'identité du prestataire. Lorsque son père lui fit part à nouveau de sa requête, Paul consulta ses amis de promotion de l'université de Monterrey ; lesquels se chargèrent de contacter celui qu'ils appelaient encore « le Français ».

Entre Voragine et Camille, cela commença par des tourteaux. Le maître d'hôtel avait prélevé deux crabes dans l'aquarium occupant le centre du restaurant. Construit au sommet de la falaise des Vaches Noires, dans les hauts de Villers-sur-Mer, les Ammonites surplombait le vide et la mer. Il avait été élevé sur les fondations d'une ancienne boîte de nuit. Celle-ci avait fermé quelques années plus tôt, sur décision préfectorale, après la chute mortelle d'un danseur de disco.

Les tourteaux furent présentés à Voragine et Camille, tenus par deux mains fermes. Le maître d'hôtel, pour attester de leur bonne forme, les posa sur le carrelage, aux pieds des deux hommes qui gardaient le silence. Les tourteaux, curieusement, plutôt que de s'enfuir, attaquèrent aussitôt les mocassins de Voragine, comme s'ils avaient vu dans chacun un belliqueux congénère. Ils se dressèrent sur leurs pattes et brandissant leurs pinces, coururent à l'oblique, droit aux chevilles. C'est en levant la jambe, les deux tourteaux accrochés à son soulier, que Voragine restitua au maître d'hôtel les réclames remuantes de son bistroquet.

Voragine avait pris le prétexte d'une visite à un ami dans les hauts de Deauville pour rencontrer Camille.

Il avait commencé par un premier test – la production d'éléments de langage pour le directeur fictif d'Agrobank dans la perspective d'une rencontre avec la presse – puis un second – la biographie imaginaire du P-DG d'une entreprise tirée au hasard dans la liste des dix plus grandes capitalisations boursières. Camille avait été ponctuel, et selon l'appréciation de Voragine qui le félicita, performant à ce point qu'il doutait que le résultat pût être produit par une machine.

— Il n'y a pas une machine, répondit Camille évasivement. Il y en a plusieurs. L'intelligence n'est pas dans une machine ; elle est dans le réseau qui les lie.

Tout en s'exprimant, il épiait Voragine, lequel le lui rendait bien. D'abord prudente et laborieuse, la conversation finit par s'animer, sous l'effet de l'alcool, en ce qui concerne Voragine, qui avait bu un double whisky et commandé un vin blanc pour accompagner les crabes tandis que Camille tournait à la paille un jus de citron glacé.

Voragine voulait que son Discours sur l'avenir fût le meilleur de tous ceux qu'il avait publiés et cette ambition le rendait lyrique. Il accordait une importance particulière au fait qu'il fût écrit avec l'aide de machines ; et plutôt que de passer sous silence ce qui, pour d'autres éditeurs, eût paru peu recommandable et indigne de toute publicité, il comptait en faire au contraire une promotion bruyante. La double signature d'un homme et de machines accorderait à son ouvrage, et à sa vie, un retentissement particulier ; de surcroît, elle acquérait tout son sens, sans même envisager les retombées financières, quand on considérait qu'elle était mise au service d'un propos visionnaire sur l'évolution conjointe de l'homme et des algorithmes – propos visionnaire qu'il envisageait de développer, avec un peu d'aide, et qu'il commença d'esquisser en attaquant à pleines mains son tourteau et vérifiant d'un regard tardif que sur la table étaient disposés des rince-doigts parfumés.

Il ne faisait pas de doute pour Voragine que les matheux avaient gagné la partie. Il le disait avec d'autant moins de plaisir qu'il ne possédait lui-même qu'une licence d'histoire et restait incapable de résoudre une équation du second degré. À cet instant Camille sortit de son silence et après avoir vidé d'un trait sa citronnade en réprimant une grimace, il interrompit son hôte.

— Il y a trois sortes d'individus, lui dit-il.

— Ah ! fit Voragine en s'arrêtant de manger.

— Ceux qui savent compter et ceux qui ne savent pas compter.

Voragine entendit d'abord la remarque comme une platitude ou une sottise, puis la considérant une seconde fois, il la trouva drôle et rit de bon cœur.

— La blague est de vous ?

— Elle a été inventée par mes machines, répondit Camille d'un ton placide.

Il n'aurait rien pu dire qui disposât Voragine plus favorablement. Celui-ci broya son crabe avec allégresse, et plongeant ses doigts dans le carnage avec une solennité d'augure, il poursuivit l'exposé de ses visions.

— J'aimerais réussir à mettre en garde contre le pouvoir excessif que sont en train d'acquérir les ingénieurs, sans paraître ni mesquin ni jaloux, car comme votre blague l'indique, je fais plutôt partie des gens qui ne savent pas compter. Toute ma vie s'est accomplie au plus près de l'humain, voyez-vous, et j'ai vécu l'intrusion croissante des machines, depuis les premiers ordinateurs à carte perforée jusqu'aux puces qu'on se place sur le cerveau ou sous la peau. J'aime les machines mais je me méfie de ceux qui les conçoivent, comme l'idiot ou le cancre se méfie du professeur plus intelligent que lui. Et pourtant je fais partie de ces individus qui se sentent absolument perdus sans leur téléphone portable, aussi perdus et malheureux que quelqu'un peut l'être aux cabinets sans papier toilette, si vous voyez ce que je veux dire.

Camille par son silence et l'immobilité de sa figure obligea Voragine à poursuivre rapidement.

— Le profil psychologique et académique des manipulateurs d'algorithmes ne me dit rien qui vaille. La concentration des richesses et la monotonie des curriculums pour tout dire m'inquiète. Je voudrais l'exprimer sans acrimonie, sans effrayer, de manière constructive, termina-t-il en buvant son verre d'un trait.

— Vous voulez réhabiliter les belles lettres en faisant écrire votre livre par un robot, résuma Camille.

— Vous comprenez maintenant pourquoi j'ai besoin de vous.

L'absorption de whisky et de vin, entrecoupée de grandes gorgées d'eau gazeuse, n'altérait ni son élocution ni ses facultés ; en revanche, elle obligea Voragine à s'interrompre et à emprunter les cabinets, vers lesquels il se dirigea en maudissant avec une feinte bonhomie les faiblesses de sa prostate. Il laissa sur la table, à côté des reliefs débordant de son assiette, son téléphone portable, brandi il y a deux minutes pour illustrer son addiction, dans l'ignorance candide des dispositions de Camille pour le vol et le recel.

Quand Voragine revint s'asseoir, Camille avait achevé son tourteau dont il s'amusait à recomposer comme un puzzle le cadavre.

— Où en étions-nous ? demanda Voragine en retrouvant son assiette.

— Vous voulez le beurre, dit Camille.

— Oui merci, répondit Voragine en tendant une main.

— Et l'argent du beurre, termina Camille. Vous vous élevez contre les dérives des algorithmes et vous vous reposez sur des algorithmes pour écrire votre protestation. Imaginez des ouvriers d'une imprimerie en Haute-Normandie.

— J'imagine, dit Voragine, fronçant les sourcils pour essayer de voir la chose.

— Ils se mettent en grève parce que du jour au lendemain leur usine est délocalisée au Vietnam où des automates produisent à moindre coût. Quelle serait votre réaction si vous appreniez que ces grévistes ont choisi de faire imprimer leurs tracts au Vietnam ?

— Je suis bien conscient du problème. Cela ne m'aide en rien à le surmonter.

— Il y a trois types de problèmes, commença Camille.

Voragine se prit à rire. Camille avait terminé de reconstituer son crabe.

— Vous souhaitez faire écrire votre biographie et votre Discours sur l'avenir par des machines. Très bien. Je peux vous y aider. Mais gardez pour vous que vous avez eu recours à ce genre de nègre très particulier. Au lieu d'en faire la publicité, tenez la chose secrète, jusqu'à ce que le livre rencontre un certain succès. Alors vous révélerez la supercherie qui rendra plus démonstrative encore votre mise en garde et lui donnerez un retentissement scandaleux.

— Comme Gary et Ajar, s'exclama Voragine que cette idée enthousiasmait. Un canular ! Une supercherie !

— Ajar ce sera vous, et Gary ce seront mes ordinateurs, dit Camille. Toute proportion gardée, ajouta-t-il aussitôt. Si ma mère m'entendait.

— Elle aime la littérature ?

— C'est comme si elle l'avait épousée.

Louise était dans ses appartements, au second étage, lorsque Camille rentra de son déjeuner aux Ammonites. Elle lisait dans son lit, la fenêtre ouverte, à travers laquelle de temps en temps elle regardait la mer. Elle préférait la contempler que s'y baigner, craignant l'eau froide. Camille avait des goûts opposés, il la regardait, mais sans la contempler, et il s'y baignait matin ou soir, en toute saison. Il pouvait nager plusieurs kilomètres, en droite ligne vers les falaises du Havre, ne craignant ni les piqûres des méduses, ni la mort par noyade, ni le passage d'un chalutier sur son dos. Sa mère fumait davantage quand il était à l'eau, mais elle ne disait rien de son inquiétude, accoudée à son balcon, se contentant d'arrondir la bouche et d'expirer ses volutes de fumée en cercles flottant comme des bouées. Puis quand Camille sortait de son bain, elle retournait à son roman, ou aux épreuves de sa biographie de Norman Lewis, autant par la liberté d'esprit que lui apportait le soulagement de savoir son fils sain et sauf, que par l'embarras d'être surprise dans son inquiétude.

Hormis ces deux moments de distraction, les journées étaient calmes et studieuses, qualités qui ne sont pas incompatibles avec une certaine oisiveté. Louise sortait et recevait peu ; Camille ne sortait que pour nager, et il ne recevait que des messages cryptés. L'invitation qu'il avait acceptée aux Ammonites était tout à fait exceptionnelle.

Il passa la semaine suivante enfermé au rez-de-chaussée, dans la salle obscure des machines, dont il ne sortait que pour ses bains de mer, et pour dîner avec sa mère qui tenait à ce qu'ils se vissent au moins une fois par jour – en ce qui le concerne, sans obligation de parler. Elle parlait plus que lui, mais la chose est vraie de toute personne se trouvant face à Camille. Parfois, il lui donnait l'impression de l'écouter, la relançant sur un sujet, ou l'interrogeant brièvement sur certaines parties de son travail. Elle lui répétait qu'elle aurait souhaité qu'il devînt romancier, faute non pas de l'être devenue elle-même (elle n'y avait jamais songé) mais d'avoir su épouser un de ces grands hommes aux épaules carrées qui se serraient dans sa bibliothèque. Qu'il s'intéressât à sa biographie de Norman Lewis et entrât dans son antre sombre toujours avec un roman dans la main la rassurait sur le fait qu'elle n'avait pas démérité. Au reste, quand elle descendait dans la cuisine se préparer un café ou grignoter n'importe quoi de consommable (de son propre aveu, elle mangeait toutes les deux heures, comme les nouveau-nés), elle l'entendait frapper sur son clavier avec une obstination prolifique et forcenée ; alors elle n'avait aucun mal à imaginer que sous couvert de programmer ses machines, il écrivait, et cette fable qu'elle se racontait lui suffisait.

Elle lui faisait lire des chapitres entiers de son ouvrage ; elle se reposait sur son jugement, qu'elle trouvait excellent. Jamais il ne refusait de jeter un œil sur son travail. Il appréciait Norman Lewis, qu'il lut d'abord sous l'influence de Louise. Il en faisait à l'occasion de ses rares rencontres une large publicité, toujours un peu peiné pour Louise de constater à quel point l'auteur était méconnu ; il réparait ainsi, à sa mesure, une sorte d'injustice, trouvant à Norman Lewis des lecteurs supplémentaires, et à sa mère des raisons de le remercier.

Dans la semaine qui suivit le déjeuner aux Ammonites, Camille envoya un nouveau texte à Voragine, puis un autre, composé par ses machines. Il s'agissait des premières parties du Discours que Voragine lui avait commandé. L'enthousiasme de Voragine ne se démentait pas. Il invita Camille à venir le retrouver dans son bureau, à Rueil.

Il y avait loin entre Voragine et l'anarchisme libertaire que Camille incarnait. Son mode de vie et ses références demeuraient ceux de la bourgeoisie mondialisée : il chérissait l'ordre, et par facilité, l'ordre établi, pour conserver des privilèges n'ayant, au fil des années, pour se justifier, qu'un rapport de plus en plus éloigné et pour tout dire inconsistant avec le mérite. Et cependant il brisait les codes de sa classe en admettant que ceux-ci, littéralement, le déprimaient.

Comme deux alpinistes se rencontrant à un col, le premier montant, l'autre descendant, Voragine et Camille se croisaient alors que le premier avait sa vie derrière lui et que le second n'était pas encore advenu. Et dans un moment dont ils savaient qu'il ne durerait pas, ils se saluaient et conversaient dans l'ignorance de ce qui avait précédé (pour l'un) et de ce qui allait suivre (pour l'autre), avec la cordialité due à celui qui gravit une montagne dans un brouillard épais. Camille par son âge et son génie impressionnait Voragine avec d'autant plus de force qu'il ne correspondait à aucun modèle social ou intellectuel connu de lui. La surprise ajoutait à l'empire. Camille, à ce moment, n'avait pas fouillé dans les emails de Voragine, simplement emprunté ses codes en visitant son téléphone. Il ne l'avait pas fait car il ne savait pas exactement quoi chercher. C'est en promenant son regard sur les murs du bureau qu'il en eut l'idée.

Il y avait sur les trois murs non vitrés une dizaine de tableaux, d'environ 80 × 120 cm, représentant la sonde Voyager, reconnaissable à son disque doré, sa parabole et sa longue antenne radio. Elle était peinte avec un tel réalisme qu'on eût pu la croire photographiée, dans les différentes étapes de son parcours la conduisant à l'extérieur du système solaire. Elle survolait Jupiter, Saturne, Uranus, Neptune, Titan et quelques lunes. Dans les deux derniers tableaux, elle traversait un ciel noir, avec, en fond, un point bleuté et pâle figurant la Terre. Depuis le bureau de Voragine, en balayant la pièce du regard, on avait l'illusion de voir Voyager s'éloigner dans l'infini.

Louise et Camille célébrèrent ensemble leur succès. Louise voulait fêter les louanges que lui avaient adressées son éditeur, et la proximité du terme de l'ouvrage qu'elle pouvait maintenant entrevoir sans trembler. Camille, plus circonspect, lui dit qu'il avait trouvé quelque chose et sans s'étendre davantage, il avait jeté trois kilos de moules dans une grande casserole où les coquillages s'effondrèrent dans un bruit de gravats. Puis sur une suggestion de Louise, il sortit acheter du champagne.

Comme pour ajouter de la solennité à leur toast, le temps s'était brutalement dégradé. Une dépression jetait sur la côte des vagues blanches, et contre les fenêtres, une pluie si serrée qu'il semblait impossible qu'un oiseau pût voler. La mer cognant contre la digue aspergeait jusqu'au séquoia de la Folie Alzheimer, que le vent courbait comme une catapulte. On voyait depuis la chambre de Camille les hauts arbres dégoutter à grands seaux. La pente déclinante de la rue Alsace-Lorraine, jusqu'à la rue d'Ornano qui elle-même s'infléchissait vers la digue, charriait continûment de l'eau. La mer retournait à la mer. Et dans des hautes bottes de jardinier, qui agrandissaient plus encore sa silhouette et le faisaient ressembler à un personnage des contes de Perrault, Camille remontait le courant, tenant contre son ventre la bouteille de champagne glacé que la joie de sa mère lui avait commandé d'acheter.

Elle lui raconta par le menu son voyage, son arrivée à Londres, le restaurant sombre où son éditeur avait réservé deux couverts, et l'attente insupportable, mais rétrospectivement délicieuse, qu'il lui avait fallu endurer. Son éditeur avait entamé la conversation sur un tout autre sujet, avant qu'il ne la félicite pour les chapitres qu'elle lui avait envoyés. Éditeur est un métier de parole, autant, sinon plus, que de papier.

Louise avait préparé une série d'amuse-gueules, conçus dans son esprit à la façon des tapas. Camille, qui connaissait les difficultés culinaires de sa mère, ne daigna pas goûter ses apéritifs audacieux ; il avait ouvert un paquet de chips dont il ne faisait aucun mystère, y plongeant avec bonheur une main avide et salée tandis que sa mère continuait de parler. Il leva son verre à son succès, et à la postérité de l'auteur de *Naples 44* et de *La Nuit du dragon*, qui avaient colonisé les étagères et les escaliers.

Quand ils eurent attaqué les moules dont Camille se resservait à grandes louchées, Camille dit à sa mère :

— J'ai trouvé quelque chose.

— Dis-moi, dit-elle les yeux brillants.

— Ou plutôt deux choses. Tu connais cette blague sur les gens qui savent compter et ceux qui ne savent pas compter ?

— Il me semble que je la connais, oui, répondit Louise. C'est même moi qui te l'ai racontée.

— Et celle de l'étudiant qui va voir son professeur à la fin du cours et lui dit : « Monsieur, si j'apprenais qu'il ne me restait que quinze minutes à vivre, alors ces quinze minutes, je souhaiterais les passer dans votre cours, à vous écouter. »

— C'est gentil de sa part, dit Louise.

— « Vous m'embarrassez », répond le professeur très flatté. « Ces quinze dernières minutes, insiste l'étudiant, j'aimerais les passer dans votre cours, car je sais que j'aurais l'impression qu'elles dureraient une éternité. »

— Comme c'est méchant ! s'exclama Louise.

— Les meilleures histoires sont les plus courtes : je vais te dire ce que j'ai trouvé.

Il commença par la première histoire, celle qu'il destinait à Voragine.

— Imagine que tu sois riche, très riche. Tu es un de ces milliardaires que produit le capital chaque année. Tu possèdes assez de fortune pour t'acheter une île, une ville. Ton patrimoine excède le produit intérieur brut de certains pays. Ton ultime problème, ce sont les gens. Comme sur nos plages en été, il y en a trop. Comment les tenir éloignés de ton île, comment les maintenir à l'extérieur de la cité ? Tu peux privatiser des territoires aussi vastes qu'un pays et y vivre tranquille avec tes enfants, tes amis, des gens bien élevés, mais autour cela grouille, et ce grouillement t'inquiète – car comme les capitalistes, les pauvres se reproduisent entre eux. Tu ériges des murs, des miradors ; tu cernes ton lagon de mines ou de filets : mais il reste qu'à l'extérieur, cela grouille. Ta crainte est partagée par tes amis immensément fortunés : la convergence d'une démographie galopante et d'un capital toujours plus concentré va créer une conflagration.

— Une révolution, opina Louise.

— Bien évidemment tu ne veux pas d'une révolution. Alors tu émets l'idée que le bonheur perpétuel est accessible à tous, mais loin de cette Terre surpeuplée. Il est accessible sous une forme post-humaine – forme post-humaine que certains épousent déjà en coévoluant avec leur téléphone. Dans sa définition post-humaine, l'individu est hybride ; d'un point de vue technique, l'égalité entre les hommes est dès lors possible. Les tares et faiblesses peuvent être compensées par des machines. Tu fais à la multitude la promesse que le progrès travaille à l'avènement de l'égalité.

— On entend une telle promesse à longueur de journée.

— Oui mais il y a un vice caché, une ruse : car pas plus que les milliardaires aujourd'hui ne s'abrutissent sur des écrans, les milliardaires de demain n'utiliseront pour eux-mêmes les inventions façonnant la post-humanité. Ils ne se grefferont aucune carte mémoire, ne mettront pas le pied sur Mars, ne vivront pas dans des usines en orbite. Ils cueilleront des myrtilles sauvages au fond de leur jardin en sachant qu'il n'existe aucune planète B offrant un confort comparable à la nôtre. Simplement en vendant leur promesse d'une post-humanité ils auront gagné cette ultime liberté qui est de tenir la multitude éloignée.

Louise écoutait.

— Il y a cependant deux conditions à respecter pour cela.

— La troisième… commença-t-elle en faisant le geste de compter sur ses doigts.

— La première, poursuivit Camille, est de rendre la planète invivable, sans quoi l'incitation d'aller vivre ailleurs est nulle. Ce n'est pas le plus compliqué. La seconde est d'offrir la possibilité technique qu'une vie en orbite ou sur une autre planète est possible. Cette perspective à elle seule offre une diversion telle qu'elle suffit à éloigner les regards de ton île, de ta ville, où tu pourras continuer de préparer tes confitures pendant que la grande masse évoluera, consentante et asservie à ton idée, vers la post-humanité.

Camille leva son verre et une moule, ne sachant par quelle main commencer.

— L'avenir nous appartient, tu te souviens de ce slogan ?

— Che Guevara, répondit Louise.

— L'avenir appartient à ceux qui l'imaginent. Il ne nous appartient plus. Il appartient à tous ces matheux que déteste tant Voragine et qui ont les moyens de financer leur fantaisie.

Il avait envoyé la trame du Discours à Voragine. Il absorba coup sur coup la chair du coquillage et une gorgée de champagne.

— En précisant que ce sont mes machines qui l'ont rédigé. Il l'a aussitôt accepté.

Louise le félicita, et à nouveau les verres tintèrent.

— Maintenant, dit Camille avec une joie victorieuse, raconte-moi ce que tu sais de la sonde Voyager.

L'espace n'intéressait pas Louise, ou plutôt il lui faisait peur, lui donnait le vertige ; elle se demandait comment les planètes pouvaient tourner dans le vide sans tomber. De Voyager, après que Camille l'eut un peu aidée, elle n'avait retenu que l'anomalie de son silence, après sa sortie du système solaire, ce qui n'était déjà pas si mal. Ce fut au tour de Camille d'exprimer ses félicitations.

— Je suis tombé sur des échanges d'emails entre Voragine et son fils Paul, dit-il.

Louise vit ses mains trembler un peu, sans comprendre ni savoir pourquoi. Elle les regardait comme des animaux.

— Je t'ai demandé de te mettre à la place d'un milliardaire jaloux de son confort sur Terre, maintenant tu vas te mettre à la place de son fils Paul. Paul travaille à la Nasa.

— Mes mains tremblent.

— Elles savent.

— Mes mains ?

— Tu es Paul, tu travailles dans l'équipe de communication de la Nasa. Tu n'as pas d'enfant. Tu es consciencieux, apprécié ; tu gagnes bien ta vie et tu aimes ton pays d'accueil. Tu as la nationalité américaine car ta mère, française, t'a mis au monde à New York à l'époque où ton père travaillait pour les Nations unies. À la Nasa, tu es en charge des différentes pages web, en particulier celles documentant les progrès des deux sondes Voyager. Le compteur de Voyager 1 mesurant en temps réel son éloignement depuis la Terre ne tourne plus depuis le 29 décembre 2006.

— Norman Lewis venait d'être enterré.

— Tu reçois l'instruction de supprimer le compteur de Voyager 1 de la page web, ce qui te paraît tout à fait normal, puisque les kilomètres ne défilent plus. Les années passent. Toujours aucun signal de Voyager. La sonde est définitivement perdue. Après quelques années, tu as la curiosité de consulter le compteur. Pour quelle raison ? Tu l'ignores toi-même. Le génie de l'homme. Le hasard sauvage. Tu sais où le compteur est archivé.

— Paul a consulté le compteur.

— D'abord tu ne le trouves pas. Tu t'étonnes de la difficulté à retrouver le compteur dans les serveurs de la Nasa, du coup tu t'obstines. Et tu finis par le localiser. Tu le consultes à trois reprises en l'espace de quelques heures. Puis tu écris à ton père, pour lui dire qu'il y a un problème.

— Un problème pour qui ?

— Un problème pour nous tous.

S'ensuivit une courte pause.

— C'est pour ça que mes mains tremblent, dit Louise en les levant devant elle.

— Le compteur de Voyager 1 continue de défiler, dit Camille.

Camille se leva et chercha du champagne. Il n'y avait plus que de l'eau. Il remplit les coupes d'eau.

— Ce qu'observe Paul à quelques heures d'écart, c'est que le compteur tourne, et qu'il tourne très vite. Plus vite qu'avant la disparition du signal de Voyager.

— Une anomalie.

— Réfléchis.

— Il y a forcément un problème puisque rien de tout ça n'a été divulgué, poursuivit Louise.

— Pourquoi en effet aucune annonce n'a-t-elle été faite ? Le signal est revenu ! Voyager poursuit sa route ! Pourquoi n'as-tu pas reçu l'instruction de réintégrer le compteur sur la page web ?

— Parce que l'information est embarrassante.

— Oui. Mais pour quelle raison ?

— Parce qu'il y a eu une panne et qu'il est honteux de l'admettre.

— Mieux que ça.

Elle trouva, d'un coup.

— Le compteur défile, mais dans le mauvais sens.

Il la félicita et vida d'un trait sa coupe d'eau.

— Ce qui veut dire… commença-t-il en reposant son verre.

Elle le regardait avec une sidération effarée.

— Ce qui veut dire que Voyager a fait demi-tour et se rapproche de nous.

DEUXIÈME PARTIE

Par la toile invisible des réseaux de pirates, la nouvelle rayonna, depuis les serveurs de Camille à Villers, jusqu'au Canada et la côte ouest des États-Unis, la Baja California et le Mexique. Elle descendit en Bolivie et au Pérou, et sautant par-dessus le Chili, se répandit dans le cône sud comme une glace fondant sur son cornet. De Buenos Aires et Santiago, la nouvelle continua vers l'ouest, ricocha sur quelques îles du Pacifique où d'autres pirates se tenaient cachés, comme autrefois sur Pitcairn les mutinés du *Bounty*; puis elle atteignit le Japon, la Russie, la Chine; elle séjourna en Inde et se répandit en Afrique. Elle y puisa une énergie nouvelle, et repartit s'enrouler autour de la Terre. Quoique amplement partagée, elle restait souterraine. Comme un fauve elle rôdait; et elle semblait attendre l'instant propice pour sortir à découvert.

Lorsque Camille pénétra dans le terminal de Roissy afin d'y prendre le vol Air France AF 442 pour Rio, derrière un Voragine chancelant et voûté, ses frères et sœurs pirates lançaient des assauts contre les différentes adresses

IP de Paul. Les capitales du renseignement se taisaient. Dans une guerre de position toute nimbée de silence, elles aussi rôdaient et guettaient.

Dans l'éclat matinal d'un jeune soleil d'été, qui traversait la transparence irréprochable d'une longue verrière, Voragine et Camille se dirigeaient vers le *lounge* d'Air France. Voragine y avait ses chaussons. En général il y dormait, après avoir bu un café, un cognac et mangé un beignet. Il aurait volontiers dit que c'était sa madeleine de Proust, n'était que c'était un produit surgelé.

Voragine était satisfait des progrès de son Discours, produit par les machines de Camille. Son texte le campait nettement à gauche, à tout le moins en comparaison des autres auteurs de Discours sur le futur, qui ignoraient ce que droite et gauche voulaient dire. Cette distinction n'était pas pour lui déplaire. Il n'avait jamais été de gauche, autant qu'il s'en souvienne. Pour lui, être de gauche, c'était un peu comme enfiler des porte-jarretelles. C'était une transgression.

Voragine doit assurer la promotion de son texte. Il s'envole pour Rio, où se tient une grande foire, une conférence planétaire, comme il s'en déroule plusieurs fois l'an. Il s'agit du Sommet de la deuxième Terre. Pour les Terriens nés au XXIe siècle, il convient sans doute de rappeler qu'un premier Sommet de la Terre s'était tenu à Rio de Janeiro en 1992 ; il est considéré comme la date de naissance politique du développement durable. Le premier Sommet de la Terre, en 1992, fut rétrospectivement rebaptisé le Sommet de la première Terre – car l'on ne parlait que d'elle, de ses limites et de sa beauté, et du meilleur moyen de la préserver.

Le deuxième Sommet de la Terre fut intitulé Sommet de la deuxième Terre par les organisations non-gouvernementales et quelques patrons d'industrie, amis de Voragine. En plus des capitalistes de progrès, le deuxième Sommet réunissait les délégations gouvernementales des pays membres de l'ONU, les représentants d'agences onusiennes et la science dans toute sa variété. L'Agence spatiale européenne, comme ses homologues des autres continents, y tenait un stand, et envoyait ses chercheurs, astronautes, ingénieurs converser et débattre, promouvoir et écouter, selon les différents thèmes occupant les conférences et les ateliers.

L'argument général du Sommet était qu'à continuer de consommer comme si toutes leurs réserves étaient inépuisables, les Terriens auraient besoin d'une planète supplémentaire pour y trouver l'énergie, la nourriture, et l'espace qui, sur la première, seraient devenus aussi rares qu'une molécule d'oxygène dans un corps calciné. Dans un rapport de la Fondation OneEarth, dont quelques vérités étaient extraites pour la presse, il était estimé que ce que les hommes consommeraient durant la première moitié du XXIe siècle équivaudrait à la totalité de ce qu'ils avaient produit et consommé durant les 8 000 dernières années. Voragine demanda à Camille de vérifier les chiffres. L'alarme qu'ils sonnaient donnait à son discours encore plus d'éclat et d'autorité. Voragine était un visionnaire, il était attendu, et cette attente, les nombreuses interviews qu'elle réclamait, créaient chez lui un sentiment d'angoisse qu'il n'avait pas caché dans ses échanges. Il avait besoin de son nègre à ses côtés.

Tandis qu'il tamponnait du bout des doigts l'auréole de sucre tombée en poudre au fond de son assiette, Voragine ignorait que Camille savait. Il y a quantité de choses que Voragine ignorait. Il ne savait pas pourquoi Voyager retournait vers la Terre. Il ne savait pas pourquoi l'information n'avait pas été divulguée. Cette ignorance d'abord l'avait inquiété ; et dévalant les montagnes russes de sa cyclothymie, il avait pensé que c'était sa propre mort qui approchait. Puis l'euphorie succédant à l'accablement, il s'était senti plus heureux qu'il ne l'avait jamais été – il lançait en même temps sa maison d'édition –, comme si le fait de partager un secret d'un tel calibre était une aventure sans précédent ; elle survenait dans sa vie comme une délivrance, et lui offrait cette opportunité unique d'assister, depuis le premier rang, à l'événement le plus important qu'ait jamais connu l'humanité. C'est le propre des maniaco-dépressifs, qui dans les phases basses, souhaitent aux autres les plus grands malheurs pour se convaincre de la vanité de celui qui les accable, et qui dans les bouffées d'euphorie ne pensent qu'à leur bonheur, persuadés qu'il est partagé.

Dans les heures qui suivirent les échanges par lesquels son fils lui faisait part de sa découverte, Voragine demanda à Paul si la sonde avait pu faire demi-tour toute seule ; il demanda si la sonde pouvait revenir vers la Terre pour des raisons fortuites ; il interrogea son fils pour savoir si par une commande à distance, depuis le Centre spatial de la

Nasa à Cap Canaveral ou Houston, il était possible de dévier puis d'inverser la trajectoire d'un engin lancé à 17 kilomètres par seconde dans le vide.

Avec peu de détails Paul répondit par la négative. Non, un demi-tour en toute autonomie était tellement improbable qu'il en était impossible. Non, un retour fortuit ne paraissait pas plausible non plus. Et si une commande à distance depuis Cap Canaveral ou Houston pouvait modifier la trajectoire de Voyager, alors d'autres questions se posaient. Pourquoi faire revenir Voyager ? Pourquoi ne pas annoncer son retour ?

Aux nouvelles interrogations de son père, la nuit suivante, Paul refusa de répondre. Il ne reprit contact qu'une semaine plus tard avec Voragine. Paul expliqua que le problème ne venait pas de Voyager mais du serveur de la Nasa à Washington. Vérification faite, le serveur avait réactivé le compteur, sur la base d'une information erronée. Le retour du signal et les rotations à rebours du compteur étaient des artefacts, poursuivit Paul. Ils ne correspondaient à aucune réalité.

Paul annonça ensuite à son père que la Nasa avait remplacé le serveur défectueux. Une fois l'opération effectuée, le compteur énonçant les kilomètres séparant la Terre de Voyager était tout aussi immobile qu'il l'avait été le 29 décembre 2006 lorsqu'il s'était brutalement arrêté. Rien d'extraordinaire n'avait eu lieu, rien n'avait changé. Voyager avait cessé d'émettre et s'était probablement désintégrée au contact d'un météore. Paul s'excusa d'avoir alarmé son père et lui demanda d'oublier l'incident.

Pour Voragine il n'en fut rien. Il couvrit les murs de son nouveau bureau de tableaux d'artistes de la sonde ; il lut des revues de sciences, consulta les Amis de Voyager, écrivit au président de l'association, tournant sa question de la manière la moins compromettante pour son fils. Pensez-vous que Voyager puisse revenir comme un boomerang ? Il faudrait que l'espace soit très courbe, lui répondit-on avec, devinait-il, une pointe d'amusement. Soit il disait tout, dévoilait le contenu de ses échanges avec Paul et compromettait celui-ci, soit ses questions passaient pour spéculatives et un peu vaines. Alors il se tut. Il obéit à son fils qui lui avait intimé l'ordre d'ensevelir la nouvelle. Contrarié et malheureux, Voragine glissa sur sa mauvaise pente. Soustrait au contrôle de son épouse qui prolongeait son repos dans les Cyclades, il se mit à boire immodérément.

Au fond de lui, Voragine n'était pas dupe. Quelque chose n'allait pas dans le comportement de Paul. Il lui avait annoncé la nouvelle par email, preuve qu'il envisageait qu'elle fût surprise et divulguée ; et il lui demandait de la taire et de sauver son poste dans la prestigieuse agence américaine. Moins de dix jours après la nuit durant laquelle il avait retrouvé la trace de Voyager, Paul fut promu par la Nasa.

Voragine continuait de penser au retour de Voyager ; la sonde l'obsédait. Le soir il regardait le ciel. Lui qui n'avait jamais su retrouver l'étoile Polaire en partant de la Grande Ourse se passionnait pour l'astronomie. Il s'inscrivit à une association d'astronomes amateurs près de Rueil, qui une fois par mois se retirait dans les plaines de l'Oise, loin des lumières des villes et des routes nationales, pour apprendre à lire le ciel. Il y avait, entre le hameau du Hom et le lieu-dit la Rivière, une grande clairière surmontée d'une butte où un amateur avait construit un observatoire. Voragine s'y rendit un week-end, une première fois, puis il y retourna. Avec d'autres amateurs, il scrutait, passant des heures emmitouflé dans un duvet. Il apprit à reconnaître Sirius dans le Grand Chien, et de l'autre côté d'Orion, Aldébaran dans le Taureau. Il découvrit par une nuit froide qu'en sautant du Carré de Pégase, à quelques degrés de Mirach, l'œil nu distinguait aisément la tache laiteuse de la galaxie d'Andromède. Il observa au télescope Saturne et sa couronne d'anneaux, qui légèrement inclinée, flottait dans le noir du ciel, et semblait offrir à celui-ci une dimension supplémentaire, une authentique profondeur. De l'espace parvenait un appel que le ciel réduisait au silence. Ce n'était plus le ciel qu'observait Voragine, c'était le mystère des ténèbres. Autant qu'il le pouvait, il revenait à Saturne, et ses anneaux révolutionnaires pour son œil et son cerveau, comme le fut la perspective dans les tableaux de Giotto.

Il comprit que des hommes et des femmes allaient voyager vers Mars et retour ; il savait la chose inévitable.

Les autres membres de l'association étaient des puits de sciences. Ils connaissaient le nom des galaxies, qui sont des numéros, suivaient d'un regard sûr le passage d'un satellite et la station spatiale internationale dans un trait d'argent.

Un soir, tandis qu'ils règlent leur engin, Voragine les interroge sur Voyager. Réprimant un léger tremblement de voix qui le surprend lui-même, il émet l'hypothèse qu'elle puisse émettre toujours, mais à rebours. Autour de lui dans la nuit, il entend des exclamations et des rires. Ils ne se moquent pas de Voragine : ils n'y croient guère, à son histoire, mais ils aimeraient y croire car son idée est attrayante – sidérante, même. Une intelligence extra-terrestre nous renvoie Voyager. Ce serait drôle tout de même. Qu'on nous renvoie à la figure nos belles et mensongères intentions. Ce serait formidable, ajoute un autre. Et lorsqu'il demande pourquoi, ils lui répondent que cela prouverait qu'une intelligence supérieure sait à quoi s'en tenir, nous concernant, et n'a aucune envie d'entrer en contact avec l'humanité.

Il passa des heures dans son bureau ensuite à essayer d'écrire son livre. Cependant la sonde dans le ciel déformait tout. À mesure qu'elle s'approchait de la Terre, elle rejetait à la périphérie, en les déformant, les choses qui n'avaient pas de structure propre et dérivaient comme des grains de poussière à la surface d'une lentille d'eau. Son ancien travail, ses amis à qui il n'osait et ne pouvait rien dire par fidélité à Paul en faisaient partie. On le consultait encore sur le développement durable. Il soupirait et haussait les épaules. S'ils savaient, se disait-il. Le développement durable est un projet pour temps de paix, comme la pétanque ou le croquet.

Camille réfléchissait au moment où il conviendrait d'annoncer qu'il savait. Il s'employait, avec un soin d'alpiniste, à recouvrir ses pieds des surchaussettes offertes par Air France.

Voragine avait déjà enfilé les siennes, manifestant par la rapidité de ses gestes et le peu d'égard pour le personnel, la désinvolture un peu hâtive de ces habitués voyageant trois fois par semaine en classe affaires. Il accepta le champagne qu'offrait l'hôtesse après avoir pourtant dit à Camille qu'il ne valait rien. Puis il félicita Camille une nouvelle fois pour son Discours dont il escomptait faire une série de tweets et de courts textes, avec son aide, comme autant de *teasers* ; car, quoiqu'il fût le premier à trouver la chose ridicule, lorsqu'il parlait affaires, Voragine émaillait parfois d'anglais son français. Ce qui continuait de le sidérer était la proportion d'écriture humaine qui entrait dans son Discours. Écriture originale, voulait-il dire, et non les corrections marginales inévitables sur un texte tout entier produit par des robots.

Camille lui répéta qu'il n'avait à peu près rien écrit de sa main. La mise en réseau des serveurs, puis la concurrence entre ceux-ci, avait favorisé l'apprentissage et provoqué des résultats stupéfiants.

En raison du décalage entre les sièges, Camille ne voyait, de Voragine, que les pieds dressés. Son pouce droit était déformé par un hallux valgus, et pointant sous la chaussette tel un piquet de tente, un long orteil remuait en cadence, à mesure qu'il parlait.

— Qu'est-ce que vous allez faire de tout l'argent que vous êtes en train de gagner ? demanda Voragine. Moi à votre âge, je crois que je m'offrirais un voyage dans les étoiles. Il est bouchonné, leur vin.

L'hôtesse intervint et, d'un ton chantant, précisa à Voragine qu'il ne s'agissait pas de vin mais de cognac – cognac qu'il avait commandé avant de s'allonger.

— Un voyage en orbite dans l'ISS ? demanda Camille.

— Ou sur la Lune. Ou sur Mars.

— Et être le premier à assister au retour de Voyager.

D'un coup Voragine s'était redressé sur son siège.

— Comment savez-vous ?

— Je l'ai appris comme vous.

— C'est-à-dire ?

— Par votre fils.

— Quand vous en a-t-il informé ?

— Il ne m'en a pas informé.

— Je croyais être le seul qui savait.

— L'information a fuité. Si cela peut vous soulager, nous sommes des centaines à savoir. Mais cela reste entre nous, termina Camille.

Soudain il n'y eut plus que le bruit des réacteurs.

— Alors ce n'était pas un canular, répétait Voragine.

Libéré d'un poids, il se sentait tout d'un coup mieux respirer ; il retrouvait cette paix fugitive qu'il avait connue par intermittence lorsqu'il plaçait son œil dans l'oculaire des télescopes pointés sur Saturne et ses anneaux inclinés. Il souhaita bonne nuit à Camille, s'allongea et rabattit son masque sur les yeux ; et pour la première fois depuis qu'il avait appris que Voyager nous revenait, il ne se sentit plus seul et s'endormit en paix.

Le Sofitel se trouvait en bordure de la baie de Rio, à la pointe sud de la ville où se rejoignent les arcs sablonneux de Copacabana et d'Ipanema. Luxueux à l'intérieur, il était dépourvu, à l'extérieur, de charme particulier, si l'on faisait abstraction de la piscine. Couvrant la terrasse surélevée qui surplombait l'entrée, elle était de forme circulaire, et vous permettait d'embrasser le spectacle grandiose du Pain-de-Sucre et de toute la baie derrière le péristyle de palmiers. Contre leur tronc empanaché, les miroitements du bassin voletaient comme des papillons aux ailes argentées.

Les chambres les plus prisées se trouvaient dans la sorte de tour d'angle qui bordait l'hôtel à une de ses extrémités. Les CEO invités au Sommet y avaient leur suite, ainsi que certains membres des gouvernements. Au bout du couloir, Voragine disposait d'une chambre simple.

Si vous vous penchez un peu par-dessus l'hôtel et supprimez son toit, vous pouvez voir par exemple Ali Kongote, le patron milliardaire d'une entreprise de fret, et son épouse, assis dans leur salon en train de converser, un plan de Rio déplié sur une table basse. Kongote manipule son téléphone pendant qu'il parle à sa femme et d'une main lui indique, en tapotant du doigt, un lieu précis sur la carte. Il n'est pas fondamentalement différent de l'homme souriant qui tout à l'heure répondait aux journalistes, à peine arrivé. Simplement peut-on voir se poser sur sa figure pendant un bref instant un masque totalement inexpressif, presque mortuaire, lorsque dans un abandon de soi il s'autorise à fermer les yeux pendant qu'à côté de lui son épouse se lève et jetant au loin ses sandales d'un mouvement leste du pied, prélève dans l'anatomie d'un bar en merisier un pichet d'eau citronnée.

Maintenant que vous parcourez le couloir et surplombez la chambre de Voragine, vous pouvez l'y voir dormir, allongé sur le dos, les sourcils froncés. Il est étendu sur un dessus-de-lit immaculé, dans une chemise à rayures sombres et un pantalon anthracite ; il s'est déchaussé, pour soulager son valgus. La table circulaire supporte les reliefs d'un déjeuner pris seul face à la baie.

Trois étages plus bas, Camille est nu dans une chambre donnant sur la ville. Assis sur le lit, il essaye de se connecter à ses serveurs, à Villers. Il attend des nouvelles des tentatives d'intrusion des ordinateurs de Paul par ses frères et sœurs pirates. Il sort de sa douche et d'un long bain de mer.

Il a parcouru pendant près d'une heure des longueurs entre les bouées mouillées par le club de natation sur la plage de Copacabana qui matin et soir y organise des séries chronométrées. Puis il a fait la planche en admirant sa chance, et la verdure escaladant les collines, et le bleu du ciel, et l'auréole blanche et vaporeuse posée au-dessus du Pain-de-Sucre. D'un mouvement de la main, il a pivoté vers le large, et avec des yeux d'Indien, a scruté l'horizon. Il a vu surgir les caravelles de Pedro Álvares Cabral, couvrant de leurs voiles les plateformes pétrolières qui sont comme des mouches posées sur l'eau: Avant de nager vers la plage, il a admiré une dernière fois la profusion des couleurs ; en imagination il a cadastré la terre, soupesé l'or, à nouveau conquistador, ces Indiens n'avaient besoin de rien, et ils ont tout perdu. Il ne s'attendait pas à autant de beauté, et il n'a encore rien vu de Rio.

En sortant de l'eau pour rejoindre l'hôtel, il est passé entre les corps des cariocas. Ses pensées les ignorent ; tout bien considéré, on voit trop leurs fesses. D'autres baigneurs les caressent de l'ombre ondulant de leur main tandis qu'ils rejoignent leur serviette.

Le hall est comme l'antichambre du Sommet ; ses douze salles de réunion réparties dans les deux premiers étages sont mises à contribution pour des ateliers et des conférences de presse. Comme dans un camp, les sherpas y déambulent ; les journalistes sont nombreux ; ils portent autour du coup un badge au ruban vert, rouge ou bleu, dont la couleur dit leur proximité de l'air rare des cimes où se rencontrent les ministres, les CEO et leurs cabinets. Le hall lui-même est occupé par des journalistes, qui tour à tour vibrionnant ou endormis sur d'opulents canapés, leur perche son ou leur caméra posée sur les genoux, semblent annoncer, quoi qu'il arrive, l'imminence d'un événement prodigieux.

Camille par curiosité s'approcha de la jeune femme qu'un groupe d'une vingtaine de personnes entourait en demi-cercle tandis qu'un micro à la main, elle se tenait assise sur un haut tabouret, le visage éclairé par la lumière intermittente de flashs d'appareils photo qui la faisaient plisser des yeux. D'une beauté moins chaste que celle des baigneuses qu'il venait de quitter quoique celles-ci fussent à peu près nues et elle sobrement vêtue, elle arborait un large sourire qui semblait ne jamais vouloir quitter sa figure, sous un regard où passait au gré de ses propos et de ses rires la jubilation expressive du plaisir, l'aveu d'un insatiable appétit pour ce que l'instant savait offrir et qu'elle vous invitait à partager. Cette flamme dont l'éclat variait ne disait rien de suggestif ou de vulgaire ; mais elle possédait une charge érotique que ne posséderaient jamais les fesses caressées d'ombres des plus belles cariocas. Approchant ses lèvres des siennes, il dira à Grace après quelques étreintes, malheureux de ne pas trouver d'autres formules capables de mieux décrire le magnétisme charnel de son regard et de son sourire, qu'elle portait sa chatte sur la figure. Pour l'heure il ne l'a pas encore embrassée, mais sans le savoir il s'organise. Il monte dans sa chambre, se douche et nu sur le lit se connecte à ses serveurs. Les serveurs de Paul résistent mais une brèche a été percée.

Cherchant de quoi se vêtir, il fouille dans la malle ouverte sur le lit. Hormis ses trois slips, ses trois paires de chaussettes et un nombre égal de chemises, qui composent avec un jean très ordinaire sa panoplie de nègre anonyme, la valise contient diverses choses amassées au gré de ses voyages. Il remue le faux vison d'une veste, une casquette et une tenue complète d'aviateur, un costume trois-pièces en prince-de-galles, un frac, deux paires de bottines, un sarouel, un pantalon africain et son corollaire à manches courtes. Il choisit le costume de pilote, et la casquette sous le bras, sort de la chambre ; puis il descend l'escalier en marbre qui le projette dans l'entrée.

À la réception, il laisse un mot à l'attention de Voragine. Il doit le rencontrer en fin d'après-midi, afin de l'aider à préparer sa conférence de presse. Il patiente dans le hall, semble attendre quelqu'un. Puis il sort de l'hôtel après avoir remercié le groom qui lui ouvre la porte, et salué les voituriers.

Pour atteindre le Campo Fiorcruz où se réunissait le Sommet des peuples, sorte de contre-sommet du Sommet officiel, les peuples prenaient le métro. Des indigènes qu'on aurait dit sortis tout droit de la forêt y déployaient leurs plumes. Ils se tenaient en équilibre, tassés à l'intérieur des rames, leurs mains posées contre le plafond bas, pour le plus grand plaisir des touristes qui pouvaient à leur aise admirer les tatouages décorant leurs bras. Camille laissa passer trois convois et se résigna à monter dans un wagon bondé comme tous ceux qu'il avait laissés passer.

Il se faufila derrière un gaillard large et rond comme une colline, dont le chef était décoré d'une coiffe flamboyante : c'était un arceau de plumes ouvertes comme la queue d'un paon. L'extrémité des plumes tantôt chatouillait le cou de Camille, tantôt lui entrait dans les narines. Camille tourna d'abord la tête, mais les plumes alors lui effleuraient l'oreille et le démangeaient. Il résolut de se tasser et laissa l'arc coloré lui couvrir le nez.

À chaque mouvement du métro lui renvoyant la coiffe dans la figure, la passagère en vis-à-vis de l'Indien clignait des paupières, se pinçait les lèvres et tentait de détourner les yeux, les épaules secouées par un rire qu'elle peinait à réprimer. Quand à nouveau le wagon s'ébranlait, la figure de la passagère retrouvait sa position d'origine ; mais la coiffe oscillait, couvrant la bouche de Camille et son nez, et les larmes montaient, dans les débordements mal contenus de l'hilarité.

Du haussement d'un sourcil, Camille s'enquit de l'éloignement du Campo Fiorcruz, parcourant du regard le plan du métro situé au-dessus de la porte. Puis il ouvrit grand la bouche et par des mouvements rapides de la mâchoire, comme il avait vu faire certains chiens mordant des bulles de savon, il claqua des dents au-dessus du couvre-chef qui commençait à l'agacer. Un arrêt brutal le projeta sur les plumes et ploya la coiffe en avant sur la figure impassible de l'indigène. Sous ce qui ressemblait à une longue visière de casquette, la figure grave de l'Indien conservait son expression solennelle tandis qu'à nouveau la rame s'ébranlait. D'un mouvement de la main, il replaça les plumes vers l'arrière, contre le nez de Camille.

La station de métro survint sur ces entrefaites, et après lui avoir zébré la figure, l'Indien sortit le premier, emportant tout le wagon dans son sillage, dans la manifestation d'une incontestable autorité.

De la station de métro jusqu'à l'entrée du Campo, une route de terre rouge longeait un canal saumâtre.

De part et d'autre, des vendeurs ambulants proposaient des beignets et des fruits, et dans des chaudrons ventrus comme des ogres exhalant un fumet d'ail et d'oignon, de la feijoada et du riz blanc. Camille poursuivit sa route, ne perdant jamais de vue le panache rutilant. Avec une lenteur nonchalante, il dodelinait parmi d'autres couronnes de plumes dans le ruban des manifestants.

Le Campo Fiorcruz était un stade de football dont subsistaient quelques gradins. On y entrait en passant entre deux gigantesques totems soutenant un portique en bois sculpté, au sommet duquel était posé un imposant globe terrestre en papier mâché. L'arche était le pendant bricolé de la fusée qui, sur une colonne plus haute encore, indiquait l'entrée du Sommet de la deuxième Terre – Sommet officiel qui se réunissait trente kilomètres plus à l'ouest de Rio.

Camille cala ses pas sur la marche de l'Indien dont les plumes à vingt mètres oscillaient maintenant parmi des bobs et des casquettes. Immédiatement devant lui, deux indigènes au torse nu, portant au cou une superposition de colliers de métal et d'ambre, avançaient en martelant le sol de l'extrémité du manche de leur sagaie. Il lui semblait reconnaître, dans la lucarne que dessinait le manche des armes lorsqu'ils se croisaient, la silhouette de la jeune femme qui dans le métro avait tant ri. Elle marchait à une dizaine de pas devant lui, et tenait dans la main un cornet de plantain frit. Elle saisissait les frites du bout des doigts et les avalait la nuque renversée comme un héron. Elle portait un jean et un caraco noir, qui lui dénudait les épaules et les bras. Ses cheveux prenaient des reflets auburn dans la lumière matinale de Rio ; ils étaient roulés en chignon, piqué d'une épingle en bois.

Plongeant la main dans son cornet, elle s'immobilisa, et le cou à nouveau renversé, engloutit une frite si longue que Camille y vit la pantomime d'un avaleur de sabre. Alors elle aperçut Camille et leva haut son cornet, comme une torche mythologique, pour l'inviter à approcher.

— Vous voulez une frite ?

Ce furent les premières paroles que Grace destina à Camille.

— Vous n'êtes pas pilote de ligne, ajouta-t-elle en le parcourant du regard de bas en haut.

— Comment avez-vous deviné ?

— Réfléchissez.

— Ne me dites pas ça, ou je vais dire des bêtises.

— Vous n'aimez pas réfléchir.

— Parfois j'ai du mal.

À nouveau elle baissa les yeux, puis elle les fixa sur lui.

— Les chaussettes, dit-elle, pour répondre à sa question.

De la pince de ses doigts, il souleva ses bas de pantalon. Il avait quitté l'Airbus en ramassant à la volée les surchaussettes Air France mises à la disposition des passagers de la classe affaires ; il avait aussi ramassé les rasoirs, les peignes et les tubes de dentifrice.

— Par ailleurs votre casquette n'est pas une casquette de pilote de ligne.

— Je me suis fait rouler.

— C’est la casquette d’une compagnie des bateaux-mouches.

— Grace Russell. Je dois vous parler.

Dans le Campo, la première manifestation de résistance au capital était la langue. Les banderoles, les visages, les épaules et les torses, les cuisses et les mollets, tout support était mis à contribution pour manifester l'indignation et la colère, le refus de voir le monde se résigner à une agonie prématurée. L'espagnol et le portugais, parfois mariés en portignol, exprimaient cette exaspération de tout un peuple, qui dans un assortiment de dessins, de tatouages et de peintures, inventait un avenir meilleur dans le souvenir des sages et la nostalgie des anciens. L'anglais était toléré, mais il n'y jouissait pas de l'espace qui, en moins d'un demi-siècle, l'avait vu, par le commerce et la guerre, comme autrefois le français, couvrir les rives et les vallées.

Les Indiens à demi nus déambulaient avec des tablettes électroniques, dont on se demandait d'où elles sortaient. C'était une foire, une collision d'époques. Il n'y avait plus de lianes, mais il y avait des sagaies. Il y avait des touristes à lunettes de soleil dorées, avec montre-bracelet, et aux biceps, des tatouages de dieux abandonnés.

Des personnes dormaient à même le sol, étendues sur des nattes. Disposées autour d'eux, sur des coupelles en terre cuite où flottaient des fleurs délicates de frangipanier, des bougies finissaient de se consumer. La musique des différents orchestres disposés sur les gradins accompagnait les danses. Des mains claquaient en rythme puis tout à coup crépitaient. Un tambour au son rond et puissant comme le souffle d'un orgue battait une mesure lourde, qui vous ébranlait.

Au centre du stade, deux chars de carnaval étaient à l'arrêt. Le premier figurait un temple amérindien, avec ses degrés de marche culminant jusqu'à un plateau coiffé d'un péristyle. Il exposait, à chaque angle, la figure grimaçante de divinités Orishas dont les yeux, par un mécanisme dissimulé, roulaient en regardant la foule. À l'ombre des dieux, les plus fatigués des veilleurs avaient trouvé une ombre fraîche et se tenaient serrés. L'autre char semblait venu tout droit de l'Inde. Comme une arche, il était peuplé d'un bestiaire ; on distinguait, sur ses flancs, des statues d'éléphants, de tigres et d'hippopotames, d'un blanc de polystyrène, tandis qu'au sommet un buste de Shiva d'un brun doré ornait une proue monumentale. Attachés au trident du dieu par des cordes tressées, des ballons multicolores réunis par grappes et couverts d'inscriptions flottaient dans le ciel où ils lançaient leurs incantations.

Dans cette jungle où tous les sangs confluaient, on entendait, par-dessus les percussions des orchestres et les intonations mélancoliques des chants de samba, les feulements de trois montgolfières, arrimées à une extrémité du stade. Les nacelliers les érigeaient, en soufflant une haleine brûlante dans leur enveloppe qui voletait. La première était celle de l'ONG Greenpeace ; elle représentait la Terre ; la seconde était rayée aux couleurs arc-en-ciel du drapeau LGBT ; enfin la troisième, d'un jaune écarlate, montrait la déesse Oxum admirant, dans un miroir, son émouvante beauté. Selon l'inclinaison du parachute, le miroir capturait tantôt le reflet de l'animation désordonnée qui recouvrait la Terre, tantôt la splendeur tranquille du ciel où de temps en temps un avion étirait sa traîne empanachée.

Camille et Grace se dirigeaient vers les montgolfières ; des échoppes miniatures proposaient des huiles de massage et des amulettes, des cocktails à la mescaline et des jus de fruits aux couleurs de calaos. Jamais les chants ne s'interrompaient. Des délégués, délaissant les allées climatisées du Sommet officiel, venaient s'encanailler ; ils chinaient, circulant parmi les stands, pour rapporter un bracelet, une étole, un collier. Certains, distraits, avaient conservé autour du cou le badge d'accréditation qui ne s'avérait ici d'aucune utilité.

Il y a des rencontres dont l'intensité est parfaitement décorrélée de la durée des relations qu'elles promettent d'inaugurer. Camille, d'ordinaire silencieux, pouvait parler à des inconnus dans les bars de Villers, ou Tokyo, ou Mexico, aborder le cœur ouvert les sujets parmi les plus familiers et les plus intimes – et totalement se désintéresser des inconnus sitôt quittés. Sans idées claires sur ce qu'il racontait, il parlait à Grace avec une vivacité et une autorité qu'il n'avait pas d'ordinaire, animé par la seule intuition que se taire, à cet instant, l'éloignerait. Et par cette disposition qu'a si admirablement décrite Tchouang-tseu, cette absence de toute intention et de tout calcul, il créait un mouvement, un déplacement de sentiments, qui emportait Grace à son insu. Elle l'écoutait avec d'autant plus de plaisir qu'elle le trouvait beau ; elle aimait son visage long ; elle appréciait son grand nez ; ses épaules étaient larges, ses fesses petites et musclées (elle avait regardé) et même avec les joues couvertes de peinture, ce qui allait bientôt arriver, il inspirait confiance et donnait envie d'être embrassé. De surcroît, tout dans son attitude semblait lui dire qu'il s'était rendu à Rio, au Campo Fiorcruz, dans le seul but de la rencontrer.

Ses yeux, notait-il, avaient la clarté des regards slaves : c'étaient deux pierres d'un bleu vif, dont l'éclat presque turquoise était rendu plus aigu encore par le trait sombre qui contenait l'iris. Leur couleur attirait le regard et vous embarrassait. Grace ferma rapidement les paupières, voyant que Camille se troublait.

Ils progressaient vers les montgolfières ; de temps en temps, au prétexte d'enjamber le corps d'un dormeur, elle se tenait au bras de Camille. À sa demande, il passa par les mains d'un tatoueur, desquelles il ressortit les yeux cernés de noir, le menton, le bas des joues et le haut du cou rouges, ce qui lui donnait l'air effaré d'un dindon. Elle porta une main contre sa bouche ; les larmes à nouveau lui montaient aux yeux ; puis comme on promène un clown ou un animal de compagnie, elle continua de déambuler en le tenant par le bras, tout heureuse de rencontrer quelqu'un développant sans pudeur un sens aussi complet du ridicule.

Il lui expliqua son métier ; il fallait qu'il parle ; il trouvait que le métier de pirate était un bon sujet. Il insistait sur la proportion d'activités d'imagination aujourd'hui dévolues aux machines ; il rapporta des anecdotes et des preuves, citant le nom d'emprunt de tous les pirates, tous les génies de l'algorithmie qui par jeu ou par lucre, pour l'ordre établi ou contre celui-ci, avaient fait produire des histoires, des formules et des discours par des machines, sans que jamais personne l'ait su. Et avec une ingénuité et une candeur que l'on eût dit incompatibles avec la rigueur froide de son métier, Grace poussait des Oh ! et des Ah ! comme une enfant crie en assistant à un spectacle de marionnettes.

— Yes we can.

— Obama.

— Non, IBM. I have a dream.

— Non ! s'exclama-t-elle.

Puis elle lui bourra l'épaule en lui disant qu'il l'avait bien eue. Parfois ils se taisaient, retournaient chacun dans leur monde. Comme la foule se resserrait à mesure qu'ils approchaient des montgolfières, elle lâcha le bras de

Camille et ouvrit un chemin devant elle. En voyant évoluer sa silhouette tonique, ses jambes fines, ses hanches de femme, son dos droit de danseuse élevant comme un cintre la ligne horizontale de ses épaules ; en posant son regard sur sa nuque nacrée où une mèche échappée du chignon faisait tomber comme la pince rousse d'un crabe, il se dit qu'elle était la plus belle femme du monde, sans rougir de ce qu'il énonçait.

À présent c'est lui qui la tenait par le bras, comme on empoigne une vieille amie. Les montgolfières étaient devant eux, les nacelles amarrées. Les ballons remplis d'air chaud se tenaient droits dans la brise légère qui étirait mollement les oriflammes et les drapeaux. Grace entama avec un sourire et quelques minauderies (que Camille admira pour leurs effets) des pourparlers avec le navigateur de la montgolfière figurant Oxum et son miroir concave où le spectacle du Campo défilait. Elle signala que son ami était pilote de chasse et rêvait de faire un tour en montgolfière, enjoignant à Camille de rechausser sa casquette de marinier. Mais c'est le prestige de l'astronaute qui emporta la conviction ; le navigateur parut soudain enchanté et ouvrant le bras comme s'il tirait le rideau d'une scène, il les invita à monter. Alors, tandis que la montgolfière s'élevait dans le ciel de Rio, elle expliqua à Camille, que des joues colorées par le tatoueur faisaient ressembler à une icône de la Nouvelle Vague, que la vue époustouflante le réclamait ; et approchant ses lèvres entre lesquelles la nacre de ses dents brillait, elle lui demanda de l'embrasser.

L'ombre de la montgolfière passa sur le jardin botanique, en contrebas du Christ Rédempteur ; elle glissa sur la lagune Rodrigo de Freitas, et ondulant sur les toits des voitures garées en double file sur l'avenue Vieira Souto, l'ombre rejoignit la montgolfière qui se posa sur la plage d'Ipanema avec une douce lenteur, entre les damiers de serviette et les silhouettes à ressorts des volleyeurs. Camille et Grace sortirent de la nacelle, sous le bras toujours levé du timonier.

Les premières étreintes passent rarement pour des succès auprès de ceux qui ont l'occasion d'en connaître plusieurs avec le même partenaire et de les comparer entre elles. L'homme regarde une sorte d'horloge intérieure lui commandant de ne pas éjaculer, et la femme (dans le cas présent) tourne ses pensées vers l'endroit secret de sa conscience où par des dispositions ignorées de celui qui la harponne elle saura trouver le plaisir d'une libération indépendamment ou presque des talents de l'amant qui l'assouvit.

Rien de tel cependant ne s'observa dans la rencontre nuptiale de Camille et Grace. Ils se précipitèrent l'un sur l'autre et prirent leur temps. Quiconque aurait pu les voir aurait dit qu'ils baisaient, tant la chose était bruyante, hurlante, crépitante ! et parfois, dans les critères de l'amour sage, sale et crue ; et pourtant ils faisaient l'amour, sans aucun doute ni malentendu, dans une pornographie du bonheur, que l'un et l'autre n'avaient jamais connu. C'est ce bonheur passé dans les spasmes de la chair qui plus tard ferait revenir Grace sur Terre. Mais pour l'heure elle jouissait : voyez comme elle est belle ainsi ! Tu es la plus belle femme du monde, lui disait-il ; crois-tu ; je ne crois pas je sais, et ils s'embrassaient à se confondre, tandis qu'à l'ouest sur sa colline, le Christ détournait les yeux.

À présent Camille sort du lit, il a rendez-vous avec Voragine ; elle admire ses fesses, tandis qu'il enfile sa tenue de nègre.

— Je ne te demande pas si tu reviendras ? lui dit-elle.

— Non, répond-il. C'est ma chambre.

Il reparut une heure plus tard et lui proposa d'aller danser.

Nous étions lundi. Il y avait samba à la Pedra do Sal.

La place dérobée qu'occupe la Pedra do Sal semblait taillée dans la pierre. Depuis la Rua Sacadura Cabral, qui est la rue la plus proche, on l'entrevoit à peine. Une venelle encombrée le jour de voitures, longeant un parking aux murs décorés de graffitis et d'affiches collées à la va-vite vous y mène. Elle est bordée d'un côté de maisons à colonnades dont les loggias, tout en hauteur, dessinent comme les balcons d'un théâtre surplombant une scène tandis que de l'autre, le parking enfonce une arête d'angle et ses pans de murs tatoués dans son arène. Des volées de marches, comme creusées dans la roche d'une falaise, permettent de rejoindre la promenade qui en hauteur, derrière les maisons et les balustrades, occupe l'arrière-scène.

Vous passeriez devant en journée, et le soir de n'importe quel jour de la semaine à l'exception du lundi, vous remarqueriez à peine la Pedra do Sal. Sans doute apprécieriez-vous les trois palmiers peignant d'ombre les bancs en bois vert qu'on aurait dit transportés depuis un square parisien, la topographie théâtrale, les dénivelés inégaux de ses marches rappelant celles de travées et de gradins ; puis vous passeriez votre chemin.

Le lundi soir à partir de 19 h 30 cependant tout change. Les cariocas et les touristes, des gens de tous âges, des beautés rares et ordinaires, les vies faciles et les nécessiteux s'y retrouvent pour chanter, autour de quelques guitaristes assis contre une petite table en bois, la mémoire des anciens esclaves transportée d'un siècle à l'autre par les mélodies poignantes de la samba.

Elle était posée comme une fleur sur la balustrade de la plus haute loggia ; et sans se soucier du vide sous elle, ni de la masse de danseurs qui serrés derrière elle chantaient, un verre à la main, elle avait croisé une jambe sur l'autre et du bout de sa sandale, battait la mesure, au-dessus des têtes qui d'une même voix reprenaient les refrains des esclaves.

Debout sur une marche, dans les premières rangées serrées en cercle autour des musiciens, Camille chantait comme il pouvait, sans rien comprendre à ce qui se prononçait, mais incapable de résister au désir de joindre sa voix à celle du demi-millier de personnes rassemblées jusqu'en haut des façades, assis sur les encadrements de fenêtres, sur le fer forgé des balcons, debout sur les entailles. C'est un des paradoxes des chansons d'esclaves, que de nous rappeler à quel point l'homme est mauvais, et dans le même temps car ce souvenir est chanté, de nous rendre admiratifs de notre capacité à transformer la matière la plus noire en une expression supérieure de bonheur et de beauté.

Est-ce que mes machines pourront produire un chant aussi beau, une émotion aussi grande ? À Camille, ses machines manquaient.

Il monta jusqu'à Grace, escaladant la roche. Il posa un pied sur une épaule puis sur une autre, et les bras tendus vers la loggia, agrippa la rampe comme un singe, et comme un singe il se hissa.

— Ce que vous êtes fort, dit-elle d'un ton ironique.

— Ce que vous étiez belle, vu d'en bas.

Elle l'envoya chercher à boire ; il descendit et remonta ; puis il eut faim et elle eut faim, et à nouveau il descendit et remonta ; et pendant ce temps le chant dansait.

Après la fin des chants, ils gagnèrent la guinguette. Ils trinquèrent encore étourdis de ce qu'ils avaient entendu ; puis à l'initiative des cariocas trinquant avec eux, ils s'enfoncèrent dans un taxi pour rejoindre un bar où à une certaine heure de la nuit, on dansait. Le bar se trouvait non loin de l'Aqueduc au bas de la colline de Santa Teresa, dans le quartier de Lapa.

— Tu ne sais pas danser ? lui dit Grace. Je vais te montrer.

Elle ne parvint qu'à le faire se dandiner un peu d'une hanche, mais il gardait une jambe raide, son bassin jamais ne semblait devoir s'articuler. On aurait dit qu'on venait de lui poser une prothèse, depuis les genoux jusqu'aux poignets ; et comme si son corps luttait contre l'idée même de grâce et de souplesse, tout à coup son derrière saillait, ou son ventre, et le plus souvent, le résultat de ses prodigieux efforts était que seule sa tête se mettait à bouger.

— Tu le fais exprès ? demanda-t-elle en s'esclaffant, tandis qu'il essayait de se tordre et avançait la tête comme un pigeon ramier.

Il lui marcha sur le pied et lui enfonça un genou dans la cuisse par mégarde, après quoi elle s'accrocha à lui en riant à tomber. Jugeant plus sage de la laisser s'amuser, il lui proposa de garder son sac afin qu'elle poursuive ses pas dans les bras d'un cavalier moins emprunté. Les deux coudes posés sur le mica, son sac à main passé à son bras, il l'admira depuis le comptoir. Il avait l'air d'un grand travelo prenant un peu de repos dans l'ardeur de la nuit. Il ne manifestait aucune jalousie pour les quelques-uns qui se collaient à elle ; lui en aurait fait de même s'il avait su danser.

À 2 heures du matin, le bar ferma ses portes et un serveur leur proposa d'aller jouer au football. On joue au foot à Rio après que les bars ferment, à ce point qu'un stade, près de la lagune, est éclairé la nuit tout exprès. Pour l'essentiel, les serveurs composent les équipes, ainsi que les chauffeurs de taxi et les prostitués. Ils s'y rendirent donc, le serveur leur montrait le chemin, serrés dans un taxi, Grace assise au bord de la banquette, les mains agrippant l'appui-tête.

Camille montra un entrain enfantin à jouer ; Grace bavardait avec les remplaçants dans la lumière blanche des pylônes. Les joueurs et le public changeaient de rôle ; on chantait ; soudain, quittant les serveurs et laissant là le ballon, Camille traversa le stade et d'un hochement de tête s'excusa auprès des compagnons de Grace : ils rentraient se coucher.

Un peu avant 3 heures, ils parvinrent à l'hôtel. En sortant de l'ascenseur, elle se tint à son bras, souleva et croisa une jambe après l'autre pour enlever ses chaussures et sur la pointe des pieds demanda : On fait l'amour dans quelle chambre ?

Le Sommet officiel de la deuxième Terre se tenait à trois quarts d'heure des plages de Rio. Des navettes climatisées circulaient à heure fixe, au départ des principaux hôtels de la baie. Dans ses premiers kilomètres vers le sud, le parcours était grandiose ; la jungle tour à tour tombait sur le sable, comme agenouillé devant l'eau, puis elle surplombait l'océan, inclinant sa chevelure par-dessus les falaises qui rehaussaient le trait de côte ; ensuite la route bifurquait vers l'ouest, tirant un sillon droit dans des plantations serrées au cordeau et la géométrie rébarbative de zones industrielles.

Le centre de conférences, qui abritait le sommet officiel, était un hommage aux formes les plus simples de l'architecture ; elles donnaient à l'endroit un caractère enfantin et presque puéril : on y trouvait des parallélépipèdes et des cubes, à l'exclusion de toute autre figure. C'étaient des grands hangars en tôle étincelants, peints aux couleurs du drapeau national des membres des Nations unies.

Un bâtiment se distinguait par sa hauteur : il s'élevait comme une tour, dominait les autres formes : c'était l'endroit où convergeaient les visiteurs, leur badge de différentes couleurs pendant à leur cou. Avec une nonchalance un peu oisive, ils marchaient à petits pas, absorbés par la lecture de leur téléphone.

À l'intérieur, il y avait une haute tribune, sur laquelle des fauteuils étaient posés en demi-lune, autour d'une table de verre supportant des carafes fines comme des aiguières. Sur un côté, un pupitre transparent était dressé, encadré de deux micros, noirs et mobiles comme des mandibules. Selon les heures, des chefs d'État ou des ministres, des ambassadeurs, mais aussi des patrons d'entreprises et des porte-parole d'ONG s'y succédaient.

Il était attendu de chacun qu'il précise ses engagements pour mener à bien le projet de coloniser une deuxième Terre. Le projet avait été approuvé en assemblée générale quelques années plus tôt. La deuxième Terre, par défaut, c'était Mars. Le choix de ne pas la nommer répondait à la demande particulière de quelques représentants de pays pauvres et d'ONG qui refusaient de voir des sommes extravagantes mobilisées pour la conquête d'un astre hostile, quand l'urgence et la justice commandaient d'utiliser ce capital sur notre planète d'origine et d'y préserver ce qui pouvait encore être sauvé. La superposition de deux ambitions, l'une expansionniste, l'autre conservatrice, teintait la première d'une sourde tristesse, comme si partir était un renoncement. C'était là une victoire inattendue des ONG, très insuffisante sans doute de leur point de vue, que d'avoir gâché le plaisir de toutes celles et ceux qui concevaient la colonisation des astres lointains comme une joyeuse folie.

Les conférences internationales de l'ONU, pour qui n'accède pas aux coulisses, sont comme une scène de théâtre où se déroule une pièce ennuyeuse, cachant, derrière son décor, sa véritable intrigue. Les mots jamais ne paraissent aussi importants et en même temps, aussi faibles et malheureux. Les déclarations se succèdent, peu de décisions sont prises, la langue est humiliée par l'intrusion permanente de l'anglais, et ce qui est dit puise à une même source de plaisanteries, d'anecdotes et d'idées, comme un perroquet revient à la mangeoire où des graines toujours identiques lui sont proposées. C'est la raison sans doute pour laquelle les algorithmes d'écriture y rencontrent un tel succès. L'uniformité de ton et de propos a toutefois cet avantage d'offrir à des paroles originales, à condition qu'elles ne le soient pas trop, un éclat et un retentissement incomparables. Tel fut le cas du discours de Voragine. Comme les autres, il répétait des mots et des formules, mais il avait une bizarrerie qu'aucun autre n'avait su développer aussi bien que lui. Il sacrifiait au rituel de la blague d'ouverture ; mais d'autres blagues ensuite venaient, impromptues ; et il semblait rendre hommage à la puissance des mots eux-mêmes, ici en citant un vers de Schiller, là en rappelant notre identité première : nous sommes notre langage, l'ironie bien sûr étant que ce qu'il disait avait été écrit par une machine.

Il quitta le pupitre puis la tribune et regagna son siège porté par l'euphorie de son succès, qu'il savoura comme une jeune ivresse, tandis qu'un nouvel orateur le remplaçait. Il fut félicité par sa voisine, la nouvelle patronne du Bureau des affaires spatiales des Nations unies, qui portait la charge d'ambassadrice de l'humanité pour la vie extra-terrestre avec une sobre gravité. Conscient de ce qu'il devait aux autres, il remercia Camille qui, assis à sa droite, se leva bientôt disant qu'il revenait.

À l'entrée du bâtiment, des représentants de la société civile et des corps intermédiaires, dont certains étaient venus en ballon depuis le Campo Fiorcruz, faisaient entendre leurs chants, leurs tambours et leurs sifflets. Non que l'accès au grand hangar leur fût interdit ; simplement ils préféraient répéter leurs airs avant d'y pénétrer.

Leur hymne en l'occurrence était une vieille chanson de variétés espagnole, extrêmement mélancolique, qui vous tirait d'irrépressibles larmes, comme si en s'élevant dans l'air, elle emportait avec elle ce que vous aviez de meilleur et vous laissait dans la nostalgie de ce qui n'adviendra plus. Composé par José Luis Perales, *Porque te vas* devait son succès à la beauté simple et un peu désuète de sa mélodie et à la voix fragile de son interprète, Jeanette. La fanfare des ONG jouait le morceau à grand renfort de cuivres, qui l'auraient rendu presque gai ; mais les musiciens s'interrompaient soudain pour entonner le refrain a capella, et alors un frisson vous passait sur la peau et le cœur vous serrait. Parce que tu pars. Cette chanson mélodramatique d'un banal amour triste rencontrait bien évidemment un écho particulier dans le cadre du sommet. Parce que tu pars sur Mars et sans doute ne reviendras plus. Porque te vas. Parce que tu es parti, toi, que la chanson ne nomme jamais, qui est la meilleure part de l'humanité. C'est une chanson que Voyager aurait pu emporter avec elle sur son disque en 1977, si la Nasa s'était montrée plus soucieuse de variétés.

Quand l'orchestre fut prêt, il se mit en rang, et jouant l'hymne, pénétra dans la salle où à présent, les directeurs des agences spatiales de la petite vingtaine de pays qui en possédaient commençaient à se succéder. Le chef de fanfare était un petit homme rond et bonhomme, au ventre ceint d'une écharpe multicolore. Il était pourvu de moustaches qui s'enroulaient en volutes. Il ouvrait la marche en reculant, afin de diriger ses troupes au plus près ; et il chassait, comme des mouches, les contretemps et les fausses notes du mouvement vif de ses poignets.

Il n'existe pas de conférence onusienne où la parole ne soit donnée, à un moment ou à un autre, au peuple. Donner la parole au peuple s'avère cependant un exercice compliqué. Car pour les uns, le peuple n'est plus ce qu'il était. Pour d'autres, il s'agit d'eux-mêmes, et entre ces deux positions, il y a tout un peuple qui ignore qui il est. Pour traiter le problème, l'ONU avait mis au point un système de quotas, intégrant des facteurs tels que le sexe, la couleur de la peau, la nationalité et la langue. Les quotas répartissaient les prises de parole dans le public. Ils n'étaient cependant pas établis selon un critère de proportionnalité, mais obéissaient à un impératif de justice :

les quotas de noirs étaient supérieurs au quotas de blancs par exemple, et il en allait de même pour les langues autochtones comparativement au chinois ou à l'anglais. Un coefficient de correction, appliqué aux proportions de ces différentes populations dans le monde, déterminait la valeur du quota. La formule du coefficient avait occupé le personnel de deux étages entiers du siège des Nations unies à New York pendant plus de deux ans.

À l'entrée immédiate du bâtiment, réparties aux extrémités des allées, des bornes permettaient à chacun souhaitant s'exprimer de recevoir une autorisation, assortie d'un numéro, ou de se voir notifier un refus. Celui-ci survenait lorsque des individus semblables, par leur sexe, leur couleur de peau, leur langue d'origine ou leur nationalité, avaient épuisé le quota à l'intérieur duquel ces différents critères les avaient enfermés. Des caméras et des capteurs étaient placés sur les bornes, ainsi qu'un scan, recueillant les pièces d'identité.

L'ultime critère discriminant était la langue. Votre langue maternelle déterminait vos chances de vous faire attribuer l'autorisation de vous exprimer. L'ordinateur choisissait une phrase au hasard qu'il vous demandait de répéter, dans la langue d'origine que vous aviez mentionnée. Si l'ordinateur ne reconnaissait pas votre langage, ou si celui-ci ne correspondait pas à celui que vous aviez indiqué en enregistrant votre demande, celle-ci était rejetée. En raison du bruit, certains criaient leur phrase, afin de se faire comprendre par la machine, de sorte que les discours très sérieux, sur scène, étaient ponctués par les barrissements de trompettes produits par la fanfare, et par des affirmations péremptoires telles que « j'aime la musique de chambre », « je dors dans une résidence universitaire », ou « le chat aime jouer avec la souris », réclamées par l'ordinateur, qui finissaient par faire rire, et provoquaient chez celui qui se voyait notifier un refus un déferlement de grossièretés.

Parmi toutes les voix du peuple qui s'exprimèrent, il y en eut une qui attira plus particulièrement l'attention. Elle émanait d'un individu d'une spectaculaire laideur. Il avait plus de dents que pouvait en contenir sa bouche, et portait des lunettes épaisses comme des culots de bouteille, qui lui donnaient le regard égaré d'un porc. Ses cheveux étaient blonds et longs ; et il ne leur manquait que l'étiquette confirmant qu'ils pouvaient être lavés à la machine. Sous un bustier de coton blanc, aucune poitrine ne saillait. Sa jupe longue était une sorte de pagne. Tout le monde craignait qu'elle se mît à tomber. Ses sandales de rétiaire étaient ajustées à d'immenses pieds. La femme, ou l'homme, car son sexe était difficile à trancher, avait agoni d'injures la machine qui lui refusait le droit de s'exprimer, puis il l'avait secouée comme un nouveau-né en lui flanquant de grandes bourrades, avant d'entreprendre de la desceller. Se ravisant, il avait emboîté le pas de la personne plus chanceuse qui, juste avant lui, venait de se voir attribuer un ordre de passage et progressait dans les travées.

Les personnes autorisées à parler faisaient la queue dans des endroits signalés par de hautes colonnes lumineuses, au pied desquelles des appariteurs attribuaient les micros. Des caméras projetaient sur plusieurs écrans l'image de celles et ceux choisis par la machine. L'homme, car il s'agissait plus probablement d'un homme, avait arraché des mains le micro de son prédécesseur au moment où celui-ci s'apprêtait à parler.

On entendit d'abord une voix plaintive et aiguë : protestant contre l'agression dont il venait d'être l'objet, le peuple opprimé s'était mis à proférer des insultes contre le peuple qui le volait : « va te faire allonger le pénis, espèce de grand pédé », lui disait-il, puis « rends-moi le micro, demi-chatte ». Une troisième injonction se perdit dans une confusion de cris ; seulement entendit-on « boucles d'oreilles » et « testicules », expressions qui, si proches les unes des autres, tinrent tout le public en haleine tant elles donnaient envie d'en savoir plus.

Il y eut un début de bagarre. Après avoir reçu une claque sonore comme un plat depuis le grand plongeoir, le peuple opprimé prit un coup de micro sur la tête dont l'écho explosa comme le fracas du tonnerre et provoqua un début de panique dans les premiers rangs. Voragine hésitait à se lever, se félicitant en secret que son discours fût achevé et que tout le monde ait pu l'entendre dans des conditions normales de confort et de tranquillité. À ce moment, sur scène, derrière son pupitre de verre, se trouvait le directeur de la communication de la Nasa. Assis à sa droite dans le demi-cercle des fauteuils, ses homologues de l'ASE, de Roscosmos et de l'Administration spatiale chinoise attendaient leur tour et regardaient les écrans avec une curiosité fautive. Le directeur de la Nasa dut s'interrompre. Dans l'expectative, il jetait à son tour un regard tantôt droit devant lui, tantôt vers les écrans qui de part et d'autre de la scène montraient à ce moment de sombres masses en lutte.

Soudain apparurent la perruque blonde et le petit regard de porc encadré dans ses épaisses montures. La bouche disgracieuse se mit à parler, d'une voix modifiée.

— La sonde Voyager 1 n'a pas cessé d'émettre, dit-elle. Elle revient vers la Terre. Des échanges d'emails de la Nasa en attestent.

Le sérieux des propos était rendu plus implacable par l'outrance, et l'outrage, de la grotesque figure. Comme ces gangsters aux masques de carnaval, il était évident que l'individu s'était délibérément grimé pour ne pas être reconnu, de même qu'il avait trafiqué sa voix ; et c'est cette intention, autant que ce qui était dit, qui frappait l'imagination.

— Nous aimerions avoir davantage d'informations à ce sujet, sans avoir à les chercher nous-mêmes, dit-il de la même voix nasillarde et altérée.

La confusion reprit à peine sa phrase était-elle achevée. L'homme qui avait reçu une gifle avait sauté à son cou et entreprit de le mordre ; les deux hommes tombèrent, d'autres accoururent, et rejoignirent la mêlée. Aussitôt la fanfare reprit son air triste, faisant claquer ses cuivres. Porque te vas. Pourquoi es-tu parti. De fait l'homme s'était enfui ; il n'en restait que les frusques, une perruque, des lunettes, un vilain dentier de farces et attrapes, tombés sur le sol. Pourquoi es-tu parti. Il faudrait féminiser le sujet : car bien plus que Camille s'échappant comme un cambrioleur, c'est la rumeur du retour de Voyager qui courrait désormais.

Les pirates rôdaient, et de temps en temps sortaient de l'obscurité comme ils venaient de le faire face au directeur de la Nasa ; puis tout aussitôt, ils retournaient dans l'ombre de leur royaume. Dans l'obscurité souterraine, d'autres formes se déplaçaient, des murs s'érigeaient – à certains endroits, c'était un front qui avançait, et à distance depuis les centres de renseignement de Fort Meade, Moscou, Londres ou Pékin, des virus mortels traversaient les ténèbres comme autrefois le bacille de la peste infestant les cadavres qui tournoyaient dans l'air sous l'élan des catapultes.

En surface la rumeur à présent circulait. Elle circulait aussi à découvert, sans s'embarrasser de codes et d'armes ; elle était sa propre arme, elle était le virus. Entre le monde aérien de la rumeur et celui souterrain de la nouvelle, des points de contact escamotés furent établis, à l'initiative de pirates. Pour vous donner une idée, le premier point de contact se rencontra dans un mot, un simple mot. Un indicatif présent à l'intérieur d'un blog, pour être précis.

Dans son billet, le journaliste en charge des pages scientifiques du *New York Times* posait la question : « Préféreriez-vous apprendre qu'il existe une vie extra-terrestre, tout en sachant que vous ne pourrez jamais entrer en contact avec elle car elle est trop éloignée, ou préféreriez-vous apprendre que nulle autre planète que la Terre n'est et ne sera jamais habitée ? » Il donnait les résultats d'un sondage effectué à l'initiative de l'université de l'État de New York. La majorité des personnes interrogées souhaitait apprendre qu'il existait une vie extra-terrestre, quand bien même un contact était matériellement impossible en raison de la distance qui nous séparait.

Il faisait ensuite le raisonnement suivant : s'il existait une vie extra-terrestre, elle était forcément éloignée, et si elle était éloignée et parvenait à entrer en contact avec nous, alors elle était très évoluée. D'une intelligence supérieure à la nôtre – conclusion à laquelle était arrivée Grace lors de ses entretiens de recrutement. « Il est très probable – et en réalité inévitable – que l'intelligence biologique ne soit qu'un phénomène transitoire », écrivait le journaliste. Il ne parlait pas d'« extra-terrestres », comme s'il s'agissait de créatures individuelles, plus ou moins difformes selon nos critères, mais d'« intelligence extra-terrestre », semblable à des matriochkas et capable de nous englober. Il donnait l'exemple d'un super-ordinateur quantique – voilà le genre d'intelligence que nous rencontrerions. Qu'un super-ordinateur prenne le contrôle de nos ordinateurs terrestres beaucoup plus modestes, et in fine de nous-mêmes, n'avait rien d'extravagant.

Avant de conclure son article, le journaliste soumettait au lecteur cette hypothèse : supposez que Voyager 1 émette à nouveau un signal radio, et que ce signal nous indique que la sonde a rebroussé chemin et se dirige vers la Terre. Quel message serait-elle chargée de nous annoncer ? Il invitait le lecteur à y réfléchir, et ne résistait pas à l'envie de répondre à la question qu'il avait lui-même posée.

Il estimait que le retour de Voyager « avait pour première vertu d'apporter une solution au paradoxe de Fermi ». Il rappelait que Fermi était ce physicien qui, au milieu du XXe siècle, avait formulé le raisonnement suivant : s'il existait des civilisations extra-terrestres, leurs représentants devraient être déjà chez nous ; or on ne les voyait pas. Où sont-ils donc ? demandait Fermi, suggérant par sa question qu'ils n'existaient pas.

Le point de contact entre les rotations de la rumeur et la circulation de la nouvelle se trouvaient dans ce dernier paragraphe. Le journaliste avait fait un usage en apparence fautif, en réalité délibéré, de l'indicatif. Poursuivant un raisonnement présenté comme spéculatif, il avait, à un endroit particulier, renoncé à l'emploi du conditionnel. Il n'avait pas écrit : « le retour de Voyager aurait pour vertu », ce qui aurait été cohérent avec ses propos qui précédaient. Il avait écrit « avait pour vertu », précisant ainsi, à l'attention de ceux qui savaient, que lui aussi savait.

À deux reprises la rumeur passa au-dessus de Rio, et à deux reprises, elle y puisa une énergie qui décupla sa vélocité. Elle se débarrassait, à chaque fois, de ses attributs les plus fantasques, pour devenir, une rotation après l'autre, l'exacte reproduction de la nouvelle qui continuait de circuler dans les arcades noires du Web. Tandis que la nouvelle se rapprochait de la lumière, la rumeur se dépouillait de sa brume ; elle changeait de consistance, et tombant à la surface des choses, elle s'y installait sous l'apparence d'un fait.

Dans la grande salle de conférences où les débats se poursuivaient, tandis que le secrétaire d'État à la Défense des États-Unis prononçait son discours et confirmait le projet d'installer une première colonie humaine sur Mars avant la fin de la décennie, on vit sur les écrans se substituer à sa figure le portrait d'un homme aux sourcils broussailleux, aux pommettes hautes, à la lèvre inférieure proéminente ; il portait un collier de barbe noire qui semblait sortir du col de chemise blanche qu'un nœud papillon serrait au cou comme s'il était épinglé à la carotide. Les appariteurs ignoraient comment il était parvenu à s'emparer du micro, et avec quelles complicités en régie il avait réussi à imposer le plan de son visage sur les écrans vidéo. Il employa les mots entendus dans la matinée :

— La sonde Voyager 1 n'a pas cessé d'émettre. Elle revient vers la Terre. Des échanges d'emails de la Nasa en attestent.

Exposa le même grief :

— Nous aimerions avoir davantage d'informations à ce sujet, sans avoir à les chercher nous-mêmes, tout cela dit d'une voix nasillarde et altérée.

Et avant que le service d'ordre l'assaille, sa haute silhouette disparut entre deux rangées ; on le crut assis ; on ne trouva que son nœud papillon, sa barbe et ses sourcils accrochés aux velours d'un siège.

Une heure plus tard, tandis qu'à la tribune le directeur de l'Agence spatiale européenne achevait son discours, et qu'assis sur l'estrade, Grace et Karl Lakner, le responsable du recrutement à l'ASE, s'apprêtaient à débattre des conditions de survie sur Mars, apparut sur les écrans le portrait d'un homme aux lunettes en plastique jaune, aux favoris roux et aux sourcils épais ; il semblait par ses mouvements de bouche mâchouiller un dentier mal ajusté. Il portait des gants de pécari également jaunes ; rassemblées contre son menton, ses mains tenaient un micro, et sans que son apparition ni sa parole n'aient été réclamées, il se mit à parler. Il répéta les propos à l'identique ; la voix était la même, seul le costume et les accessoires changeaient. Le directeur de l'ASE, pas davantage que le secrétaire d'État à la Défense des États-Unis et le directeur de la Nasa le matin, ne formula de commentaire ou de réponse.

Les agents de sécurité furent cette fois plus prompts à agir. Il manqua ne pas achever sa tirade, se mit à courir tout en terminant sa phrase, et après avoir enjambé des rangées de sièges, il trouva son salut dans l'arrivée inopinée de la fanfare ; comme à dessein, celle-ci composa un rideau de cymbales et de trompettes, dans lequel il s'immisça et qui se referma aussitôt derrière lui. La fanfare se mit à jouer et tourner ; elle l'emportait vers l'extérieur, sans que personne ne puisse entrer dans son cercle ; et en chantant elle sortit, laissant derrière elle les postiches et les tenues de celui qu'elle avait fait disparaître, aurait-on dit, dans la mélancolie de sa mélodie.

La lumière prenait des tons ardents, les arbres agitaient leurs palmes sous la brise de mer, et on voyait à travers la baie vitrée monter dans le bleu du ciel le miroir concave de la déesse Oxum, qui allait et venait avec une majestueuse lenteur entre le Campo Fiorcruz et la plage d'Ipanema. Un petit salon prolongeait la chambre de Voragine. Il était composé d'une table basse en verre, d'une banquette et de deux fauteuils art déco, tournés vers la baie. La chambre et le salon étaient impeccablement rangés, n'était une prothèse en caoutchouc couleur rose chair, qui, destinée au traitement du valgus de son propriétaire, reposait sur le tapis au pied du lit.

Voragine avait commandé un œuf à la coque et des mouillettes pour son petit déjeuner. Il était convenu avec Camille de le retrouver à 9 heures. C'était le dernier jour du Sommet. Il souhait placer quelques tweets et devait répondre à une interview ; il préférait s'y préparer avec son nègre.

Camille s'annonça par l'envoi d'un article. Il y a un problème avec Voyager. *We have a problem with Voyager.* C'était le titre de l'éditorial du *New York Times* que Voragine reçut sur son téléphone. L'article révélait des informations tenues d'une source proche de la Nasa ; on y lisait tout ce que savaient Voragine et Camille ; s'y ajoutaient la position probable de la sonde dans notre système solaire (elle avait doublé Jupiter), sa vitesse (2,3 fois supérieure à la vitesse de sortie du système solaire), et la formulation d'hypothèses sur sa destination – la plus probable étant la Terre. Comme tous les éditoriaux du journal, l'article n'était pas signé.

Voragine appela Camille dans sa chambre sans parvenir à le joindre. Il hésita puis composa un second numéro.

— Excusez-moi de vous déranger, je cherche Camille.

— Je vous le passe, coupa Grace d'une voix enrouée.

— J'ai changé de chambre, expliqua Camille tandis que la silhouette nue de Grace sortait du lit, lui offrant une vue du paradis.

— Vous connaissez ce journaliste ? demanda Voragine.

— Tu es la plus belle femme du monde, dit Camille en suivant le sourire de Grace se tourner vers lui.

— Je vous demande pardon ?

— Nous vous rejoignons dans votre chambre.

Quelques minutes plus tard, Voragine priait ses invités de prendre place dans son salon. Il les rejoignit en poussant du bout de la chaussette une chose rose qui roula sous le lit. Sur la table, il posa une coupe de fruits, luisants comme s'ils avaient été vernis au pinceau, puis il s'enquit poliment des occupations de Camille et Grace la veille au soir. Il restait urbain. Il leur demanda s'ils s'étaient bien amusés. Il les enviait mais avait le bon goût de ne rien en dire.

Camille et Grace se tenaient assis face à lui. Les deux visages, se dit Voragine, composaient un portrait de l'amour parfait ; ils avaient cette unité et ce surplus de grâce et de beauté qui tenaient au bonheur de se savoir aimé.

— La publication de l'article du *New York Times* est une excellente nouvelle car l'information est désormais publique, dit-il en sortant de sa rêverie. Je m'inquiète seulement pour mon fils. Paul n'y est pas nommé mais c'est tout comme.

Grace écoutait, observant à présent Camille du coin de l'œil, qui opinait et s'était mis à éplucher une banane avec une application de chimpanzé.

— J'ai discuté hier avec Karl Lakner de l'Agence spatiale européenne, dit-elle. Pendant que Camille se faisait courir après par les forces de sécurité. Il dément avoir jamais eu connaissance du retour de Voyager. C'est peut-être vrai. Mais c'est probablement faux si les informations révélées par Paul sont exactes.

— Qui peut aujourd'hui dire ce qui est exact et ce qui ne l'est pas ? demanda Voragine avec une expression de découragement.

Il posa son regard sur Camille qui mangeait une seconde banane, les joues déformées par le fruit.

— Vous faites de sacrées bouchées dites donc, dit-il.

— Je ne mâche pas, je sanibroie. C'est ce que ma mère me dit.

— Vous devez beaucoup aimer votre mère.

— C'est faute d'avoir eu un père, dit Camille d'un ton tranquille. Sinon je vous parlerais de lui. Mais je pourrai bientôt vous parler de mon père. J'ai demandé à mes serveurs de m'inventer une généalogie.

— Pensez-vous que seule la Nasa soit au courant ? demanda Voragine.

— Voyager est une sonde américaine et la Nasa est une agence civile. Vu l'importance de la nouvelle, je ne doute pas qu'ils aient informé l'Agence spatiale européenne. Roscosmos aussi. L'agence chinoise, j'en suis moins sûre.

— Vous devez convaincre Paul, dit Camille. Il nous faut les données originales attestant du retour de Voyager.

— Comment pourrais-je le convaincre ?

— Faites-lui parvenir l'article.

— J'imagine qu'il l'a déjà lu.

— Détrompez-vous. C'est un faux. Il a été écrit par mes machines.

Grace s'exclama : Camille ! comme dans le Campo, surprise et ravie.

— Tu es trop fort.

— Merci ma chérie. C'est l'article, le plus probablement, qui devrait sortir ces prochaines heures ou ces prochains jours.

— Tout ce qui est écrit est exact ?

— L'accès aux messageries de Paul a été percé.

— Par qui ?

— Des amis, dit Camille. Nous avons l'intégralité de ses conversations téléphoniques et de ses emails. Mais nous n'avons pas les données de ses disques durs.

— Vous publieriez ses emails ?

— Le *New York Times* le ferait.

— Pourquoi le *New York Times* ferait-il une chose pareille ?

— Par souci d'informer. Par ailleurs nous sommes toujours sous administration républicaine.

— Paul ne peut pas donner les relevés de position de Voyager, sauf à se livrer lui-même, dit Grace.

Elle se tourna vers Camille :

— C'est la seule solution n'est-ce pas ?

— L'alternative pour lui est de continuer à se taire et à mentir, comme toute l'administration de la Nasa qui reste obstinément silencieuse. Que croyez-vous que Paul choisira ?

— Je l'ignore, dit Voragine. Combien de temps faut-il pour organiser sa fuite ?

— Nous avons quelques leurres à envoyer.

— Où pourra-t-il trouver refuge ?

— À Moscou.

Voragine fixait un point du tapis comme s'il essayait de circonscrire, du regard, le problème.

— Comment puis-je le joindre ? demanda-t-il.

— Envoyez le texte depuis votre boîte email. Sans rien écrire. Il comprendra qu'il n'a plus le choix.

Le siège de la Nasa à Washington, D.C. occupe tout un bloc. Le long bâtiment jouxte la Baltimore Beltway, sorte d'autoroute urbaine culminant à trente mètres dont le ronronnement continue se confond avec le bruit des climatiseurs en été. Paul habite plus au nord, entre Downtown et Dupont Circle. Il loue le rez-de-chaussée d'une maison néovictorienne d'un rouge terre de Sienne, aux fenêtres blanches. Moins de cinq kilomètres séparent les deux lieux. Paul a la chance de pouvoir se rendre à son travail en trottinette électrique dès que l'hiver s'achève. Le trajet le conduit à travers Capitol Hill, par les contre-allées bordées de frênes et de hauts chênes séparant l'obélisque du Washington Monument et la coupole meringuée du Congrès.

Paul est un petit gabarit. Il a la physionomie douce, ronde et plate. Il n'est ni beau ni laid, et dans l'entre-deux, il ne présente rien de saillant au regard, hormis la platitude mathématique de sa figure. Elle le ferait passer pour disgracieux, n'était la gentillesse de son expression, qui le distinguait. Voragine ne pouvait regarder son fils sans penser que les enfants sont comme des crêpes, et que le premier est toujours raté. La comparaison était rendue plus cruelle et mordante par la forme lunaire du visage de l'unique enfant que son épouse lui avait concédé.

Paul avait un début d'enrobement. Comme nombre de célibataires, il travaillait trop, mangeait mal et n'importe quand. Ses cheveux rares étaient coupés ras ; à travers ses lunettes à monture en bois, son regard était myope et enfantin.

En rentrant chez lui, Paul se mit à marcher entre les pièces. Il réfléchit à l'histoire qu'il allait essayer de vendre le lendemain au directeur de la communication de la Nasa. Il ne faisait plus aucun doute que la Nasa devrait bientôt sortir de son silence. Il se doutait aussi, sans se le dire, que ses jours étaient comptés.

— Première histoire, dit-il à haute voix : Voyager est un objet quantique de grande taille. Un chat de Schrödinger de vastes proportions. Il est peut-être là, il n'est peut-être pas là.

L'expérience de pensée du chat de Schrödinger remonte au milieu des années 1930. Le Viennois Erwin Schrödinger est considéré comme un des pères de la physique quantique. Celle-ci nous énonce que le monde microscopique est régi par des probabilités, et qu'ainsi, il est impossible de donner la position et la vitesse d'une particule, mais simplement sa probabilité de se trouver à un endroit donné. Vous avez souvenir de ces cours de physique montrant la composition d'un atome, avec son noyau et ses électrons en orbite autour de celui-ci. Une telle représentation viole les principes de la physique quantique : on ne peut pas connaître la position de l'électron et sa vitesse en même temps. Il est là, mais il n'est pas là, c'est-à-dire qu'il n'est pas nécessairement là où le schéma des livres d'école le plaçait antérieurement. Que devient cette idée dans le monde macroscopique ?

L'idée de Schrödinger consiste à placer un chat dans une boîte fermée. Dans la boîte, on trouve, en plus du chat, un flacon de poison, de la matière radioactive et un compteur Geiger. La désintégration d'un noyau radioactif est enregistrée par le compteur Geiger. Ce faisant, le compteur déclenche un mécanisme qui casse le flacon et libère le poison. Le poison tue le chat. La désintégration d'un noyau radioactif est un processus quantique. Il est impossible de prévoir quel noyau se transformera en premier ou bien quand la première désintégration surviendra. Ce que l'on peut établir par le calcul en revanche, c'est la probabilité qu'un certain nombre de noyaux se désintègrent après un certain laps de temps. L'idée de Schrödinger est de choisir une substance radioactive de telle sorte qu'après, mettons, cinq minutes, il y ait 50 % de chances qu'un noyau se soit désintégré et 50 % de chances que rien ne se soit produit du tout. Autrement dit, après cinq minutes, il y a 50 % de chances que le chat soit mort et 50 % de chances qu'il soit vivant.

Dans l'interprétation conventionnelle de la mécanique quantique, tant que nous n'ouvrons pas la boîte, le chat est dans un état indéterminé : il est à la fois mort et vivant, ou, ce qui revient au même, il n'est ni mort, ni vivant. Ce n'est qu'en ouvrant la boîte que la probabilité se réalise, tranchant l'incertitude – il est alors soit mort, soit vivant, et non plus les deux en même temps. Cela va pour un électron ou un photon, mais un chat, tout de même, c'est difficile à concevoir. Dieu ne joue pas aux dés ou ne lance pas en l'air une pièce de monnaie pour savoir si l'homme est l'homme, ou s'il n'y a rien du tout.

C'est dans la faille conceptuelle ouverte au niveau macroscopique par la physique quantique que s'est développée la théorie des univers parallèles. On en attribue la paternité à Everett. Selon cette théorie, le chat ne se trouve pas dans une superposition d'états. Il y a en réalité deux chats. L'un vivant, l'autre mort. Ils font simplement partie de deux univers différents, si bien que vous ne pouvez pas observer le chat vivant, dans l'un, et le chat mort, dans l'autre, en même temps. L'univers se divise en deux, avec, dans chacun, le chat dans un état bien déterminé. Lorsque nous ouvrons la boîte, nous choisissons l'un des deux univers ; et cet univers du chat mort, ou du chat vivant, devient le nôtre. La bonne nouvelle pour le chat c'est qu'il est bien vivant, quelque part. La mauvaise pour nous c'est que nous sommes déjà morts, dans un univers parallèle, et nous n'en savons rien.

— La physique quantique ne s'applique qu'à l'infiniment petit, objecta Paul à lui-même.

— Oui, mais nous avons affaire à un phénomène inédit.

— Voyager a réconcilié la physique quantique et la théorie de la relativité générale. Elle est entrée dans une boîte de Schrödinger en sortant de notre système solaire. Elle émet, elle n'émet pas. Ce scénario permet à la Nasa de gagner du temps.

Paul continuait à se promener dans son petit appartement.

— Ce scénario a un inconvénient : il n'excuse pas la Nasa d'avoir gardé le silence.

— Il existe un second scénario, dit-il en entrant dans la cuisine.

Il ouvrit une bière et se mit à tourner autour de la table.

— Le secret défense.

— C'est le seul argument que peut faire valoir la Nasa pour justifier ses mensonges et son silence.

— Ce scénario n'a qu'un inconvénient.

— Il me condamne. Car j'ai bel et bien commis une faute en fouillant dans des serveurs où je n'aurais pas dû mettre mon nez, et en divulguant l'information que j'y ai trouvée.

— De surcroît tu as été promu. On t'a promu pour te faire taire.

Il s'immobilisa et posa la bière sur la table, joua machinalement avec l'écran de la tablette qui se trouvait devant lui. Il reprit la bière, découvrit qu'elle avait laissé l'empreinte humide d'un cercle sur le bois. Il y humecta son doigt et partant d'un coin de la table, dessina le trait d'une longue orbite.

— Soit je m'associe à un mensonge que ne justifiait aucune précaution militaire, soit en le divulguant j'ai trahi un secret militaire. Dans les deux cas je suis coupable, énonça-t-il d'une voix triste.

Il avait les yeux agrandis par la vérité désagréable qu'il venait d'énoncer.

— Coupable, répéta-t-il en s'humiliant à être son propre juge. Coupable devant ma conscience, ou coupable devant mon pays.

Il y avait sur l'écran de la tablette l'article du *New York Times* envoyé par son père. Il l'avait lu deux fois.

— Est-ce que je peux leur faire confiance ?

Il se passa cinq minutes durant lesquelles il ne bougea plus, respirant à peine ; ses yeux étaient fermés, ses traits détendus et un peu affaissés ; il avait posé ses lunettes. On ne pouvait dire s'il dormait, réfléchissait ou méditait. Il aurait voulu que l'indétermination se prolonge. Enfin il ouvrit les yeux. Son regard parcourut la table, avec sa tablette et sa bière, puis la porte du frigidaire, où quelques photos étaient fixées.

Il se leva et se dirigea vers sa chambre. Il tira de sa penderie un sac de sport (cadeau d'un ami qui souhaitait le convaincre des vertus de la gymnastique) qu'il posa sur le lit. Puis il ouvrit le coffre qui lui servait de table de chevet. Il y saisit une boîte à chaussures. Il la vida de ses deux disques durs, qu'il plaça au fond du sac. Il ajouta quelques vêtements, sa trousse de toilette. Quand il s'estima prêt, il sortit, son sac sur l'épaule, et enfourchant sa trottinette électrique, il gagna la marina.

Les neuf pontons de la Washington Sailing Marina sont serrés dans une retenue du Potomac, entre l'avenue Washington conduisant au nord à l'aéroport, et la sorte d'appendice, débordant sur la rivière, qui porte le nom de Daingerfield Island – lequel est trompeur, car il ne s'agit en aucun cas d'une île. Paul longea les pontons. La nuit était calme, si l'on exceptait le ronronnement du trafic derrière la haie des arbres, de l'autre côté de la marina, et le tintement aigrelet caractéristique des gréements au repos. À cette heure, aucune activité notable ne méritait d'être signalée dans le bassin : les cabines éclairées de trois sloops et le mégot rougeoyant du gardien de port assis à l'entrée du ponton sud composaient les rares lueurs attestant d'une présence humaine.

Parvenus au ponton le plus au nord, Paul fut abordé par un homme coiffé d'un bonnet en laine et vêtu d'un bleu de chauffe qui lui dit « Voyager ». Puis comme Paul opinait, il lui demanda ses téléphones.

— Dans cinq minutes, un de vos téléphones se dirigera à l'ouest vers Columbus, dans l'Ohio, expliqua-t-il. Le second téléphone roulera dans une autre voiture vers Chickamauga, au nord-ouest de la Géorgie. Ils seront abandonnés chacun et interceptés par la police tôt demain matin. À l'extrémité du ponton derrière moi, poursuivit-il, vous trouverez une embarcation qui vous conduira jusqu'à Newport News. Ne vous fatiguez pas à engager la conversation avec le skipper, il est sourd et muet.

À Newport News, Paul fut tiré du sommeil par le skipper. Paul Voragine descendit sur un quai silencieux. Paul était endormi et aurait pu tomber à l'eau. À l'horizon le point rougeoyant de Mars perçait un halo bleu. Le bateau repartit aussitôt.

Bientôt une silhouette se détacha des masses sombres que composaient les bâtiments du cercle nautique et des hangars à bateau. Selon le même procédé – « Voyager » – l'individu s'assura de l'identité de Paul ; puis silencieux comme un croque-mort, il le conduisit à bord d'une Chevrolet sentant la pisse de chat à travers le comté de Yoknapatawpha. Paul se laissait conduire, sans dire un mot, la tête tournée vers la vitre de la portière derrière laquelle défilaient, dans la trouée blanche des réverbères, les instantanés d'un pays méconnu.

À l'aube, ils changèrent de voiture ; un nouveau conducteur, qui ne devait pas avoir plus de 20 ans, tout aussi taciturne que le précédent, aux oreilles décollées dépassant de l'appui-tête, le transborda dans un cabriolet aux vitres fumées. Sans autre bruit que celui du cliquetis d'un roulement défectueux, le cabriolet les conduisit d'un trait rectiligne au sud vers Savannah Bay.

Longeant la côte, ils atteignirent à 4 heures du matin Owl Creek Bridge, où une patrouille de police arrêta le véhicule. Elle laissa le lugubre conducteur repartir après que celui-ci, averti par un compagnon, se fut défait de sa cargaison avant le pont qui donnait son nom à la ville et l'eut transférée dans un pick-up chargé de bananes et de poissons séchés.

C'est à Key West que le dernier pirate déposa Paul, devant une maison de style colonial aux fenêtres à arcades, aux volets jaunes et à galerie tournante sur ses quatre côtés. Un homme de forte carrure, au regard perçant et à l'air mauvais, sans doute en raison d'une barbichette pointue comme une dague soulignant sa ressemblance avec le diable de Goethe, vint le chercher et lui proposa de déjeuner. Ils marchèrent vers la marina où un grand sloop était amarré. Dans son salon, ils se régalèrent de patates au whisky et de dorades coryphènes, quoiqu'il fût l'heure du petit déjeuner.

Connu pour ses allers et retours vers Cuba où il jouissait du privilège de posséder un anneau, l'homme annonça, en empilant leurs deux assiettes qu'il jeta dans l'évier et ne s'embarrassa pas de laver, qu'ils avaient selon lui une chance sur deux de rejoindre La Havane sans se faire attraper.

Ils se déhalèrent et partirent au moteur. Puis le skippeur envoya la toile, et tandis que le bateau se mettait à gîter, pointant son étrave vers l'île de Cuba, Paul put vivre seconde après seconde, à chaque battement de son cœur, les tourments de l'expérience de Schrödinger ; il se sentait à la fois libre et prisonnier, jusqu'à ce que, ouvrant l'écoutille, Jess Russell tranche l'indétermination et lui annonce qu'*Odette* était entrée dans les eaux territoriales cubaines et qu'ils étaient hors de danger.

Rien ne prédisposait Paul à être lanceur d'alerte. Il était curieux mais n'était pas téméraire ; il aimait savoir mais il aurait juré qu'il aimait surtout ne pas en savoir trop. Il n'était pas enclin à prendre un risque personnel au motif que l'intérêt général l'exigeait : tout cela du moins il le croyait, avant que sa fuite ne lui démontre qu'il avait vécu dans la compagnie d'un double qui aujourd'hui le renversait.

Pendant tout le temps de son acheminement, depuis la marina de Washington jusqu'à la marina Hemingway à La Havane où *Odette* se balançait tandis qu'il se reposait, il n'avait cessé de réfléchir aux motifs qui l'avaient poussé à fouiller dans les serveurs. Contrairement à son père qui semblait s'épanouir dans son statut d'homme public et visionnaire, il lui restait la nostalgie de sa vie secrète et bien organisée, et le remords d'avoir commis une faute que sa fierté refoulait. Il lui en restait des accès de tristesse désemparée.

Il fallut que se succèdent les pirates et que s'écarte la perspective du danger pour qu'il comprenne que la faute n'était pas de son côté, et que son côté n'était pas celui qu'il croyait.

Ruminant à présent ses pensées entre deux explorations de la ville, il tentait de se convaincre que sa vraie nature, autrefois souterraine, se montrait maintenant à la lumière. Il s'observait. Imaginez un banquier qui se voit annoncer qu'il est punk et qu'il devra mener une vie d'aumône avec les joues percées entouré de chiens à collier : vous aurez une idée de l'état d'esprit de Paul et comprendrez pourquoi il passait parfois sur son visage des expressions de stupeur et de contrariété.

Paul cependant essayait de se laisser aller. Que pouvait-il faire d'autre ? Il but et fuma, assis sur un tabouret en bois, dans une petite ruelle où trois enfants avaient l'habitude de jouer au ballon ; il y revint et les enfants lui demandèrent de se joindre à eux. Au retour de sa partie de foot, dans cette portion de La Havane qu'on eût dit retirée du temps, Paul rédigea son communiqué.

— Je n'ai commis aucune faute, causé aucun préjudice : je n'ai fait que mon devoir d'homme libre en mettant le nez dans des affaires qui, me dit-on aujourd'hui, ne me regardaient pas. Mon seul objectif est de dire au public ce qui est fait en son nom et ce qui est fait contre lui. Nous savons aujourd'hui que la sonde Voyager se rapproche de la Terre. Nous ne savons ni comment, ni pourquoi.

Dans l'entretien qu'il accorda à la télévision cubaine, assis à la table délavée derrière laquelle il semblait que de nuit comme de jour il y avait toujours deux ou trois enfants en train de jouer, Paul répéta son texte sans changer un mot ni déplacer une virgule. La rue était pleine d'une foule remuante et bavarde, venue le voir, lui, l'accueillir et lui apporter, sur de grands plateaux en bois, du congri servi dans de larges assiettes, des parilladas fumantes ou des tamales serrées dans leur spathe de maïs dont il défaisait le nœud avec application, comme il l'eût fait d'une layette emmaillotant un bébé. Cet individu si discret, qui jamais ne s'était mis au centre d'une discussion, préférant la périphérie et l'ombre comme un poisson d'eau profonde rechigne à remonter à la lumière qui lui blessera les yeux, suscitait les rires et les acclamations.

Comme l'empathie de ses hôtes commençait à le convaincre qu'il vivait une aventure plus exaltante que celle confinée dans le silence d'un secret, il s'abandonna aux confidences. Encouragé par les regards et les cadeaux des Havanaises et des Havanais qui le célébraient dans la rue comble où plus un enfant ne trouvait d'espace pour jouer, Paul raconta toute son histoire, alternant l'espagnol et l'anglais.

Il commença par préciser quels étaient sa fonction, son parcours, les circonstances hasardeuses de sa découverte, puis sa promotion. En devenant chargé des pages web auprès du directeur de la communication, il avait accepté de rejoindre un cercle restreint de personnes se faisant l'une à l'autre la promesse, dans leur vie hors du cercle, du plus épais et incorruptible silence. Plutôt que de le surveiller, on lui avait fait confiance. On l'avait adoubé, en le gratifiant de l'accès à toute l'information concernant Voyager contre sa parole – sa parole de ne rien dire, si l'expression a un sens. Il honora sa promesse, qui survenait trop tard : il avait déjà parlé à son père. Il fut chargé de se désavouer. Il obéit de bonne grâce, convaincu de servir l'intérêt général en cachant un fait qu'on ne savait expliquer.

Dans la semaine suivant sa promotion, il assista à une première rencontre entre les directeurs de la Nasa, le chef d'état-major des armées, le secrétaire de la Défense et plusieurs conseillers militaires. La rencontre allait se répéter, à mesure que Voyager se rapprochait. Comme les autres membres du cercle, Paul prêta serment. Il y a des bibles partout aux États-Unis, dit Paul. On en trouve jusque dans le bureau du directeur de la communication de la Nasa.

Tous les membres de l'équipe des transmissions radio faisaient partie du cercle. Ils étaient à ce titre tenus de conserver l'information secrète. Ils rencontrèrent comme une récompense le secrétaire d'État à la Défense, et une fois, la présidente des États-Unis.

Jamais depuis le 12 décembre 2015 le signal ne disparut. Voyager rebroussait chemin. Elle passa dans l'orbite lointaine de Pluton, puis elle coupa la trajectoire elliptique de Neptune, Uranus et Saturne, retournant vers la Terre et son foyer. Les rencontres avec le secrétaire à la Défense et ses conseillers se rapprochèrent. Il y eut un point tous les mois. Puis quand il fut certain que Voyager avait doublé Jupiter et continuait de se rapprocher de la Terre à une vitesse incompatible avec ses réserves d'énergie embarquée, il y eut un point par semaine puis plusieurs coups de fil par jour. Paul n'y assistait pas, mais Andy Nicholson, son supérieur, directeur de la communication de la Nasa, s'y rendait et dressait ensuite un compte rendu aux cadres du cercle.

Paul précisa deux dernières choses. Les paroles d'Hawking, répétées par le physicien avec insistance dans les dernières années de sa vie, selon lesquelles mieux valait nous garder de chercher à rencontrer des extra-terrestres car ceux-ci nous massacreraient comme furent massacrés les Indiens – ces paroles alarmaient le secrétaire à la Défense et l'état-major américains. Les massacres d'Indiens, ils voyaient tous très bien. Le retour de Voyager n'était pas une énigme comme l'avait été l'anomalie de la sonde Pioneer, dont la vitesse dans le système solaire externe s'était mise à diminuer sans qu'aucun calcul, longtemps, pût le justifier. Le retour de Voyager était d'une autre nature.

Pour le Pentagone, elle était tout entière une menace. Elle était une pure, une intransigeante, une formidable menace – laquelle est la raison d'être d'une telle institution. Aussi prenait-elle très à cœur sa dissimulation. Une menace pareille ne se rencontrait pas deux fois par siècle, et tout bien considéré, elle n'avait pas d'équivalent dans l'histoire moderne. C'est également la raison pour laquelle le Pentagone détestait à ce point l'entreprise de divulgation des pirates : indépendamment du fait qu'en prétendant servir l'intérêt général, ils nous exposaient au danger d'une panique dont on ne pouvait que craindre les abominables excès, les pirates gâchaient le métier. C'était comme si les services de sécurité de la présidente des États-Unis devaient composer avec une foule de bénévoles dépourvus de toute notion du danger. Au crédit des agences de renseignement, les émeutes que l'on observait le premier jour des soldes dans certains magasins de Manhattan, Rio ou Tokyo ne pouvaient que prédisposer à redouter un déferlement plus grégaire, égoïste et brutal le jour où les soldes seront ceux des jours nous restant à vivre sur Terre avant la rencontre d'une pure altérité.

Pour les chercheurs du petit cercle de la Nasa, dont Paul partageait l'opinion, Voyager était un sphinx, et ce sphinx n'était ni bon ni mauvais, il était ce que notre intelligence décidait qu'il serait. Seuls les ignorants et les idiots étaient dévorés. La menace existait, mais il restait un espoir de la lever en résolvant l'énigme que Voyager leur posait. Tout cela, aussi, était absolument cohérent avec leur métier. Un chercheur est payé pour formuler des questions, et pour y répondre. Les questions que posait le retour de Voyager, telles qu'elles furent formulées par le petit cercle de la Nasa, portaient sur les causes, et non sur la finalité. Qu'est-ce qui explique le retour de Voyager ? Qu'est-ce qui explique sa vitesse ? Où trouve-t-elle l'énergie de se déplacer ? Les questions n'étaient pas métaphysiques. Un chercheur est payé pour choisir les questions qu'il formule. La Nasa se concentra sur la physique et la mécanique. La téléologie n'était pas son domaine, ni, selon elle, le domaine de la science. La question de la finalité du retour de Voyager et de son intention n'avait pas de réponse. On ne pouvait que se borner à expliquer par quels enchaînements causaux ce retour survenait.

Pour Paul, Voyager était un animal – il était animé, au sens étymologique du terme. Il était l'expression d'une volonté. À ses compagnons de table, il raconta l'histoire du chat de Schrödinger, comme un professeur à des enfants. Puis il expliqua une dernière chose. Le chat de Schrödinger, à la fois mort et vif, n'était pas celui que l'on croyait, disait-il. Le chat de Schrödinger, ce n'est pas Voyager : le chat de Schrödinger, c'est vous et moi.

L'article « Nous avons un problème avec Voyager » parut d'abord dans le *New York Times*. Ce n'était pas un bref éditorial, mais quatre colonnes reprenant avec une minutie tout anglo-saxonne la succession des anomalies qui pouvaient se résumer par ce fait désormais incontestable que Voyager revenait. Voragine découvrit l'article tandis qu'il décollait de Rio et retournait à Paris. L'article était à peu près le même, mot pour mot, que celui rédigé par Camille et ses machines. Le « problème Voyager » allait être le terme que les journaux utiliseraient désormais.

Ce qui changea pour son fils Paul, c'est que dorénavant les journalistes affluaient pour le rencontrer. Sa petite table en bois au fond d'une ruelle dans la vieille Havane était maintenant couverte de téléphones enregistrant ses propos ; et s'il trouvait encore le temps de jouer au football avec les enfants des rues, il le faisait avec le plaisir gâché par le sentiment de jouer une scène, car quoi qu'il fît, quoi qu'il dît, il était filmé et photographié comme une curiosité. C'étaient les journalistes étrangers qui étaient les plus intrusifs. Les Cubains le laissaient tranquille. Ils voyaient grandir le « problème Voyager » dans les différents médias et le regardaient essentiellement comme un problème aux yeux bleus.

Si on examine les manifestations qui se mirent à éclore, les déclarations des acteurs économiques, des représentants de la société civile, des chefs de gouvernement qui se résolurent à aborder le sujet, le retour de Voyager était comme un miroir voyageant dans le ciel qui renvoyait à chacun son propre reflet. Il montrait en grand ce que chacun prétendait être au fond de lui et dans le regard des autres. Mieux qu'un psychanalyste silencieux assis derrière votre divan, il absorbait votre part d'ombre, réfléchissait votre lumière. Ce que vous disiez du retour de Voyager vous définissait tout entier. C'était un sérieux progrès, convenait Voragine, comme une photographie prise avec un appareil panoramique inédit permettant d'absolument tout embrasser. Vous étiez l'histoire que Voyager vous obligeait à inventer.

Les premières manifestations furent celles d'une communauté microscopique à l'échelle du monde. Les astrophysiciens sortirent de leur labo et descendirent dans la rue. Parfois ils n'étaient pas plus que huit, et encore, en incluant les stagiaires et les doctorants. On vit ainsi descendre de la tour ouest de l'université Pierre et Marie Curie à Paris un groupe d'une petite dizaine de chercheurs qui, profitant de l'ombre des allées, se mit à entonner des slogans, les testant les uns après les autres, sous le regard adolescent d'étudiants qui, en raison d'une vaste inculture propre à leur âge, les prenaient pour des nostalgiques de Mao ; puis, par habitude, le groupe se dirigea vers les machines à café où après avoir repris des forces, il ramassa sur son passage tous les volontaires que l'oisiveté rendait disponibles et gagna la sortie du campus. Dépourvus de matériel, ils se cotisèrent pour acheter deux casseroles chez un épicier, hésitèrent à en acheter plusieurs autres – casseroles sur lesquelles ils tapèrent avec entrain et gaieté. Ils escaladèrent dans un tintamarre réjouissant la montagne Sainte-Geneviève qui les hissa jusqu'aux grilles hautes et sombres du ministère de la Recherche. Rompus à la pédagogie, éditorialistes de blog de vulgarisation pour bon nombre d'entre eux, ils surent, durant le trajet, convaincre quelques centaines d'indignés de rejoindre leur mouvement. L'indignation étant une des vertus les mieux partagées dans l'Hexagone, la petite troupe grossit. Au reste, il faisait beau.

Le même phénomène se reproduisit dans les campus des universités les plus prestigieuses qui comptaient des départements de physique et d'astronomie. Des petits groupes, bientôt rejoints par des étudiants d'autres disciplines, firent marche vers le ministère de la Recherche, et quand elle existait, l'agence spatiale ; dans les villes les plus perdues, elles tournèrent en rond devant l'hôtel de ville. En vingt-quatre heures, comme si l'énergie de protester leur venait des rayons du soleil à mesure que la Terre tournait, les manifestants s'agrégèrent, un fuseau horaire après l'autre. Ils protestèrent à Berlin, Stockholm, Amsterdam, Zurich, Tel-Aviv, Rome, Barcelone, Paris, Londres ; ils défilèrent à New York, Boston, São Paulo, Mexico, Los Angeles. Puis il y eut Hawaï, Tokyo, Melbourne, Hong Kong, Taiwan, Saint-Pétersbourg, Bombay et Prague. Et le jour d'après, dans un nombre de villes plus grand encore, tout recommençait.

C'étaient les manifestations les plus diplômées de l'histoire. Parmi les individus qui composaient les différents groupes à l'origine du mouvement, à peu près tous possédaient une thèse de doctorat. Cela se voyait à leur tenue. Autant le chimiste, dans sa blouse, peut avoir l'air d'un boucher et faire peuple, autant l'astrophysicien est un peu perché et peut difficilement passer pour un ouvrier spécialisé. Les travaux physiques marquent les corps et les mains, les travaux intellectuels marquent la figure, à commencer par les yeux. La quasi-totalité des manifestants portait des lunettes. Un esprit mesquin, qui n'avait rien de mieux à faire, détourna quelques clichés des manifestations en une publicité pour un opticien.

Cela s'entendait aussi à leurs slogans. Certains jeux de mots ou devinettes étaient incompréhensibles, ou destinés à des happy few. Ainsi : « Fermi et Fermat sont dans un bateau. Fermi tombe à l'eau. Qui est-ce qui reste ? » Dans la plupart des cas, on n'y comprenait rien. Certaines pouvaient être drôles, mais en les examinant deux fois, on ne savait plus pourquoi. Ils voulaient savoir et manquaient de colère. Ils protestaient moins parce qu'on leur avait menti, que par désir de comprendre ce qui se passait réellement. Ils attendaient des informations sur Voyager. Des données. Et pour le coup, leurs protestations, tous leurs slogans, prenaient un tour décoratif et accessoire ; au reste on pouvait voir, au milieu d'un gentil chahut, des groupes se former, puis s'arrêter, et discuter, échanger des points de vue, des hypothèses, tenir de petits colloques sans plus se soucier de la direction de leur mouvement. Parfois, à trop discuter, une partie des manifestants s'égaraient, et se trouvaient dans un endroit de la ville où il n'avait jamais été question d'aller.

À Cologne, contre l'avis de son père pour une fois plus conservateur qu'elle, Grace se joignit aux manifestants. Ils défilèrent de la cathédrale jusqu'au bâtiment de l'Agence spatiale européenne, où l'ironie voulait qu'elle disposât d'un bureau. Aux journalistes qui l'avaient reconnue, elle dit son étonnement face au silence de la Nasa. Elle était consciente de protéger par là son institution, en réclamant de l'ASE non pas des aveux (elle croyait Lakner qui disait n'être au courant de rien), mais les gestes d'une diplomatie un peu plus vigoureuse à l'encontre de l'homologue nord-américain.

Le porte-parole de la Nasa, Andy Nicholson, était un bon camarade, ce que les Américains traduiraient par un chic type – *a nice chap*. L'expression est un peu désuète mais elle lui convient tout à fait. Avec ses grands yeux ronds, sa mâchoire carrée et sa raie de côté, et ses costumes d'un bleu électrique un peu suranné, il arborait tous les signes de la naïveté et de l'incrédulité, qui se retrouvaient par exemple dans la physionomie du mari exemplaire et un peu nigaud des séries américaines des années 1960 telles que *Ma sorcière bien-aimée*. C'est la raison pour laquelle probablement le directeur de la Nasa l'avait choisi. Un type avec une figure pareille ne pouvait pas mentir ni vous vouloir du mal en aucune façon.

Ses camarades de chambrée à l'école militaire de Fort Eagle, ses amis universitaires à la faculté de sciences du cosmos de Davis en Californie, ses proches, sa petite amie : tous décrivaient quelqu'un prompt autant à rendre service qu'à s'amuser.

De ces deux dispositions, la seconde l'emporta longtemps sur la première. Il fallut le concours de sa petite amie, qui deviendrait son épouse, pour le convaincre de ne pas céder à sa pente naturelle qui le faisait rouler vers la fête et les jeux, et de suivre tout au contraire le chemin long, fastidieux et décoré de diplômes qui, rétrospectivement, s'avéra le moins tortueux. Andy savait ce qu'il devait aux autres. Et si aujourd'hui ses dispositions semblaient, dans l'autorité que l'une exerçait sur l'autre, connaître des rapports quelque peu inversés – il était de prime abord très sérieux –, Andy ne cessait de se surveiller, afin de tenir dans sa boîte le petit diable de sa jeunesse qui n'aimait rien tant que le faire divaguer.

Aussi apprit-il le texte de son communiqué par cœur. Il se méfiait de lui-même et redoutait les lapsus. C'est en le récitant pour la pénultième fois devant sa glace le matin tandis qu'il se rasait qu'Andy Nicholson, butant sur une consonne, ouvrit grand la mâchoire pour l'articuler et se coupa la joue.

Il avait été convenu avec le directeur de la Nasa de faire une élocution brève, et de l'organiser tout entière autour de l'impératif du secret défense, qui justifiait à la fois le silence de la Nasa, et l'excusait de celui-ci car le silence n'était pas de son fait. La Nasa se défaussait, avec son accord, sur le département d'État. Les agences spatiales du monde entier se défausseraient à leur tour sur la Nasa, disant qu'elles ne savaient pas.

Quoique bref, le communiqué débordait d'ingéniosité. Avant d'invoquer le secret défense pour justifier son silence, et les mesures prises pour contenir les fuites et protéger la population des États-Unis, la Nasa mettait en avant la vétusté des sondes Voyager et des appareils embarqués. Au prétexte de louer les services rendus depuis plus d'un demi-siècle, elle soulignait leur grand âge. Elle plaçait d'emblée le « problème Voyager » dans le registre de la technique et de la mécanique, dépouillant celui-ci de la gravité mystérieuse que l'imagination des manifestants lui accordait.

Sans doute n'avait-elle d'autre choix. Face à une nouvelle aussi extraordinaire et imprévue, les ingénieurs réagissaient selon les possibilités offertes par leur métier : ils rabattirent le retour de Voyager aux caprices de microprocesseurs et de radio-émetteurs, y cherchant la solution d'une énigme qui les passionnait. Le communiqué justifiait le secret défense par la nécessité de vérifier que les dérèglements de direction et de vitesse n'avaient pas de causes extérieures – et il fallait comprendre « extérieures aux États-Unis d'Amérique », restreignant l'étendue des possibilités au jeu conventionnel des malversations, sabotages, et actes d'espionnage qui font l'ordinaire du renseignement.

Pour ne pas susciter d'interrogations sur les forces extérieures au système solaire qui avaient pu nous retourner Voyager, la Nasa s'adressait aux citoyens américains avant de parler au monde ; elle affirmait que le secret défense avait été trahi et qu'une demande d'extradition était en cours. Elle ne citait pas Paul mais tout le monde avait compris. Elle se garda bien évidemment de préciser qu'elle avait anticipé son départ pour Moscou, et qu'il avait fui par bateau, au nez et à la barbe des gardes-côtes, comme dans un roman de London ou d'Hemingway.

Sur le fond, le communiqué n'infirmait ni ne confirmait les révélations de Paul. Il ne parlait pas du retour de Voyager, du « problème Voyager », mais de la Nasa elle-même. La Nasa n'apportait aucune précision sur la position la plus récente de Voyager, la date prévue de son arrivée dans l'orbite terrestre si une telle éventualité se confirmait, non plus que sur la procédure envisagée pour l'intercepter.

Assis à sa table, Paul écouta l'intervention d'Andy Nicholson. Il s'amusa du sparadrap à sa joue. La Nasa lui manquait. Il lut ensuite à deux reprises le texte mis en ligne sur le site de l'agence. La question laissée en suspens qu'il lisait entre les lignes était : « Paul Voragine sera-t-il extradé par les autorités cubaines ? » quand elle aurait dû porter sur l'intention du retour de la sonde, et sur les dispositions prévues. Paul n'eut pas besoin d'appeler les journalistes à sa table ; ils y étaient déjà installés. Il leur transmit les relevés de position de Voyager sauvegardés sur ses disques durs avant sa fuite pour Cuba. Et il répondit à Andy, son ancien supérieur, par un second communiqué.

Le communiqué de Paul, consécutif à celui d'Andy Nicholson, apportait une information qui frappa l'imagination. Selon les derniers relevés dont il disposait et que publia la presse, Voyager avait franchi l'orbite de Jupiter et continuait de se rapprocher de la Terre ; et en extrapolant, sur la base de sa vitesse observée, il faudrait moins de trois semaines pour que la sonde se trouve dans le voisinage de Mars. Mars ! Une sonde allait nous revenir de Mars ! Sa proximité avec la planète la plus célèbre, la muse la plus souveraine des romans et des auteurs de science-fiction, eut cet effet particulier de changer la nature de la sonde et le problème qui lui était associé. En abordant les franges du domaine où l'imagination des hommes s'était pendant un siècle inlassablement projetée, Voyager changeait d'identité. La sonde devenait martienne, au sens littéraire du mot.

La réaction de la mère de Camille, Louise, en donna une illustration frappante. À Grace, Camille décrivait Louise comme absolument indifférente, sinon rétive, à tout ce qui touchait à la conquête spatiale et à l'astronomie. Elle n'arrivait toujours pas à comprendre comment les avions, aussi lourds, parvenaient à voler, et elle les empruntait avec une parcimonie prudente et circonspecte, teintée de défiance, qui la faisait regarder droit devant elle, et jamais par le hublot. Les fusées pour le coup étaient pour elle des engins conspirant au décès de celles et ceux qu'ils transportaient. Lesquels, à l'exception de Grace dont la chaleur et la jovialité achèveraient de la convaincre que des exceptions existaient, avaient une conception crâne et suicidaire de la vie de héros. Ce qui était vrai des avions l'était aussi des planètes. Elle s'étonnait que les planètes ne tombent pas, et cet étonnement était à ce point sincère que lorsque Camille lui montrait des images d'un clair de Terre pris depuis la Lune par les missions Apollo, et quelques-uns des nombreux films tournés par les pensionnaires successifs de la station spatiale internationale, un vertige, littéralement, la prenait, ses jambes se dérobaient sous elle, elle se sentait aspirée dans une chute où l'entraînait notre astre tombant sans fin. Il fallait l'épaule de Camille, et l'obscurité de ses paupières, pour lui faire retrouver l'aplomb qui lui avait manqué.

Quand elle sut que Voyager était martienne – c'est l'expression qu'elle choisit pour résumer l'information contenue dans le communiqué que Camille lui lut –, elle arrondit les yeux et se mit à envisager un avenir sur cette Terre contingent aux desiderata d'un objet céleste – perspective qu'il y a quelques jours encore, elle aurait trouvé farfelue. Quoiqu'elle goûtât peu le genre, Louise avait lu des ouvrages de science-fiction ; elle demanda à Camille avec une crainte bien visible qui lui faisait cligner les yeux, si nous finirions comme dans ces nouvelles de Bradbury et Orwell, si les histoires qu'avait imaginées H.G. Wells n'étaient pas les annonces de ce qui adviendrait. Dans le cas de Louise comme de tant d'autres, la littérature donnait consistance au retour de Voyager. Elle conférait à la sonde sa puissance et une nouvelle identité. Et c'est avec une curiosité hâtive et inquiète que tous les matins, dorénavant, Louise allumerait sa radio pour recevoir les dernières nouvelles, écouter les ultimes épisodes, du drame qui l'absorbait.

Les histoires se partagent mieux que les diplômes. Il y avait chaque jour un peu plus de monde dans les rues, à soulever des banderoles, taper sur des casseroles, souffler dans des cornets, car on voulait savoir ; or on restait sot. Paul ne savait plus rien ; il avait tout dit. Et le secrétaire d'État à la Défense refusait de s'exprimer, considérant sans doute que depuis l'intervention d'Andy Nicholson, l'argument du secret ne méritait pas d'être développé. L'ignorance, jusqu'au plus haut niveau de l'État, ne fut jamais aussi candidement avouée. Comme des enfants pris en faute, personne n'avait rien fait. Aux manifestants, les ministres et les agences répondaient qu'ils étaient de tout cœur avec eux, que le silence du département d'État était scandaleux. Alors chacun se racontait une histoire, se souvenait d'une histoire, qui étaient la projection de nos frayeurs dans un ciel sans amour et sans pitié.

De partout ils sortaient, des pavillons et des mansardes, des HLM et des appartements ruineux. Ils sortaient des tours et des barres dressées entre les rocades et les potagers. Ils affluaient, surpris d'être si nombreux. La foule créait la foule, les habitués se joignaient aux novices. Les gens de droite s'y tenaient moins serrés que les gens de gauche, selon l'habitude, mais les heures passant, les nuances s'estompaient, et une même objection montait. Mensonge ! La réclamation originale des surdiplômés flottait, portée par des airs de fanfare : nous voulons savoir. Quel beau programme : nous voulons savoir ! N'est-ce pas le cri le plus universel dont les Lumières auraient pu rêver ? Certes il y eut des villes, des ruelles, où d'autres cris se mêlaient : nous voulons abolir la propriété privée, nous voulons un toit, nous voulons un emploi, nous voulons de l'essence bon marché, tout pouvait avoir un rapport avec le retour de Voyager, jusqu'à la semaine de travail de trois jours ou le remboursement intégral des frais de santé, mais restait cette injonction supérieure de ne pas être volé du droit d'être moins bête et de ne pas être pris tout en même temps pour un benêt. Et tandis que l'on criait, que les casseurs comme des aigles tournaient puis tout à coup fondaient, Voyager poursuivait son retour sans que l'on sache si elle allait nous renseigner ou nous abolir, nous grandir ou nous humilier.

La noble aspiration à la connaissance commença à se corrompre quand les premières histoires de Voyager, sorties des imaginations et des livres, se mirent à circuler. Les histoires d'amour finissent mal, lit-on ; les rencontres de Terriens et d'extra-terrestres aussi. Vous vous souvenez de la question du blogueur du *New York Times*. Préféreriez-vous savoir qu'il existe une intelligence extra-terrestre même s'il est impossible de jamais la rencontrer, ou préféreriez-vous apprendre que la Terre est la seule planète habitée ? La peur inexorablement, aussi inexorablement que nous revenait Voyager, comme si elle en était le carburant mystérieux, la peur inexorablement se mit à l'emporter sur la curiosité. *Privatio mali*. On se mit à craindre le pire. « Nous voulons savoir ! » – l'exclamation magnifique de l'éternelle enfance disparaissait heure après heure, jour après jour, sous le cri terrible et hideux de celui qui s'accroche à l'existence après n'en avoir rien fait et s'exclame : « nous voulons être rassurés », prêt à adorer le premier dieu qui passait.

Il y eut cet article de mise en garde, publié simultanément dans plusieurs journaux, et signé par un collectif de chercheurs et de personnalités littéraires parmi les plus respectés. « Le problème Voyager n'est pas celui que vous croyez » était son titre.

Le retour de Voyager en soi n'était pas un problème, disait l'article dans son introduction. Il était rappelé que Voyager ne pouvait être habitée par une vie organique, à moins qu'elle fût microscopique. Par ailleurs, même lancée à grande vitesse contre notre planète, Voyager se désintégrerait dans l'atmosphère sans que nous n'en sachions rien. Voyager, ce n'étaient que des machines, poursuivait l'article. Cela donnait une consistance particulière au mystère de son retour, qu'il décrivait ainsi :

« Eût-elle été lancée dans les années 1950 et fût-elle revenue dans les années 1970, nous n'aurions pas été si inquiets. Parce que nous ignorions les capacités de machines intelligentes et la possibilité même que nos machines, ici sur Terre, pussent être manipulées. La vie extra-terrestre reste dans notre imaginaire celle de *La Guerre des mondes*. Une vie organique et individuelle. Or il ne s'agit plus maintenant de vie particulière, mais d'intelligence collective, d'intelligence emboîtée, comme le sont des poupées russes. Et dans cet emboîtement de poupées, nos vies assistées de machines constituent la première unité, la plus petite, et de ce fait la plus assujettie et la plus fragile. Ce qui veut dire que nous sommes peut-être déjà dans le giron d'une intelligence supérieure, sans que nous n'en ayons rien su. »

« Nous n'avons rien à craindre de la rencontre avec Voyager, concluait l'article. L'intelligence qui nous renvoie Voyager n'a pas besoin de se manifester : elle emprunte déjà nos circuits imprimés. » Il s'achevait par cette injonction : « Débranchez vos ordinateurs. »

Sa simplicité, et son outrageante impossibilité, découragèrent. Car s'il est difficile d'arrêter de fumer ou de boire de l'alcool, par exemple, toutes choses in fine à notre portée, ne plus utiliser le moindre robot et circuit imprimé semblait une gageure, une perspective chimérique au-delà de l'horizon de notre humanité. Avec une ironie qui n'échappa pas aux auteurs, un commentateur rappela que l'article avait été écrit sur le clavier d'un ordinateur et diffusé sous format électronique à des millions d'abonnés.

Toute vérité est-elle bonne à connaître, lorsque la vérité est que l'on ne sait pas ? La question avait été posée par Camille à Voragine, tandis qu'à l'invitation de celui-ci, ils s'étaient rendus pour la seconde fois aux Ammonites en vertu du lien de sympathie qui, recouvrant celui du commerce, les avait rapprochés. Selon Camille, la réponse était simple, et le monde se divisait en deux. Il y avait ceux qui voulaient savoir, y compris ce que l'on ne savait pas, et il y avait les autres.

Ils marchaient au sommet de la falaise des Vaches Noires par un sentier interdit. Les drapeaux de l'école de voile de Villers en contrebas flottaient au vent ; sur la mer grise et bleue les cerfs-volants des kite-surfs faisaient rire les mouettes et les goélands. Voragine était bien disposé. Son fils s'était comporté comme un honnête homme et semble-t-il, ne courait à La Havane aucun danger. Son Discours était sous presse, et après en avoir testé les bonnes feuilles à Rio, il ne doutait pas qu'il serait un succès. Et il avait devant lui des millions d'heures de retraité dont il espérait jouir en bonne santé. Camille avait condescendu à le présenter à sa mère, avant qu'ils escaladent les Vaches Noires pour aller manger. Voragine s'était surpris à trouver Louise tout à fait désirable, pensée qui ne lui était pas venue, pour quiconque, depuis des années.

Voragine commanda cinq plats, pour goûter chacun, des vins, du champagne, tandis que Camille se contentait, comme les enfants, d'un jus d'orange et d'une assiette de purée. Lui aussi avait changé, constata Voragine. L'amour de Grace l'avait rajeuni et vieilli tout en même temps.

— Tout événement s'intègre dans une histoire. Tout événement est inintelligible à l'extérieur de celle-ci, lui disait-il.

Comme Voragine l'enviait.

— Il y a en tout trois histoires qui se racontent, résuma Camille. L'histoire savante des astrophysiciens, pour qui Voyager est un mystère. Ces gens-là chérissent plus que tout les mystères. Le retour de Voyager est donc en soi plutôt une bonne nouvelle ; et c'est la raison pour laquelle ils s'indignent qu'on leur interdise de résoudre l'énigme qui leur est posée. Il y a l'histoire littéraire qui attribue à Voyager l'intelligence supérieure d'une sonde martienne, prise dans son acception romancée d'une hostile altérité. Et il y a l'histoire d'espionnage à laquelle au début personne ne croyait, mais qui, parce qu'elle était proche de la précédente, a la capacité de la déformer puis de l'absorber, avant d'anéantir la première qui ne pourra pas longtemps lui résister.

Camille préférait savoir, quitte à savoir qu'il était sot, que nous l'étions tous, face à cette sonde qui aurait dû poursuivre sa route vers la constellation de la Girafe et qui nous revenait. Il en allait de même de Voragine et Paul, de Grace et Russell, de millions d'autres : ils préféraient savoir qu'ils étaient sots plus que d'être sots sans le savoir, en somme. Mais la peur sourde et mauvaise avait tellement d'histoires à raconter que c'est elle qui subjuguait.

Camille annonça à Voragine que ce qui ressemblait à des attroupements potaches et bon enfant, agrégé en foules tapageuses, tout d'un coup cela serait renversé. L'indignation allait changer d'objet. Il lui dit aussi que la Nasa le savait et attendait encore que l'indignation achevât sa mue, puis elle consentirait à parler. Il proposa à Voragine d'en prendre le pari.

Elle annoncerait que toutes les dispositions avaient été prises pour guider Voyager vers l'orbite terrestre et pour l'intercepter ; elle annoncerait aussi que grâce à l'accès des différents appareils embarqués, elle mènerait à son terme le travail d'enquête sur les anomalies survenues pendant le trajet – alors, oui, promettrait-elle, tout serait dit. Elle dirait « anomalie », insista Camille. Et elle dirait de Voyager « ce n'est qu'une sonde et nous contrôlons sa trajectoire » pour satisfaire le besoin, qu'elle avait elle-même créé par son silence, d'être rassuré.

— Que parions-nous ?

— Ce repas, si vous voulez, proposa Camille. Vous avez votre téléphone ?

Voragine fouilla dans sa poche et posa son téléphone sur la table.

— Quelles sont les nouvelles ?

Voragine baissa les yeux vers l'écran de l'appareil.

— Vous avez eu accès aux serveurs de la Nasa et à la messagerie d'Andy Nicholson ? demanda-t-il stupéfait.

Percer l'accès aux messageries d'Andy Nicholson avait occupé l'essentiel des journées de Camille à son retour de Rio. Il n'avait pas travaillé seul. C'était un peu les trois huit, comme sur les chaînes de PepsiCo. Les serveurs depuis lesquels étaient lancées les attaques étaient situés au Pakistan, aux Comores et au Nigeria ; les pirates qui les commandaient étaient répartis sur une dizaine de fuseaux horaires, de sorte que les attaques ne cessaient jamais. Paul, qui considérait sa mission accomplie et passait ses journées à déambuler dans la vieille Havane entouré d'enfants, ou à pêcher la langoustine avec Russell, avait d'abord rechigné à coopérer puis il s'y était résolu. Sa contribution s'avéra décisive.

Une fois l'opération lancée et les premières brèches percées, Camille avait accompagné sa mère à Londres où il put passer une soirée avec Grace. Il s'était rendu ensuite une fois à Cologne, où il put l'enlever pendant une nuit avant de la restituer à l'ASE. Vous vous êtes revus deux fois, ce n'est pas mal, lui dit Voragine, qui voyait sa femme une fois par an.

Le second communiqué de la Nasa annonçait que Voyager avait pour destination la Terre, que la chose était prévue et commandée depuis Washington, qu'un dispositif d'interception avait été installé dans cette perspective sur l'ISS depuis plusieurs années. Il disait aussi qu'une fois Voyager arrimée, il serait possible d'achever l'enquête permettant d'expliquer les anomalies survenues dans le déplacement de la sonde, grâce à l'examen des appareils embarqués. D'ici là, les règles de précaution du secret défense continuaient de s'appliquer.

Après Mars, dans le communiqué de Paul, c'est cette fois la mention de l'ISS qui frappa l'imagination. C'était comme si on commençait à se faire du retour de Voyager une idée visuelle, une idée flottant à tout juste 400 kilomètres de nos têtes. Dans la perspective étroite et égoïste de la Nasa et du département d'État, le communiqué était réussi. Anticipant l'arrivée de la sonde sans se hasarder à l'expliquer, affirmant même qu'il était organisé par la Nasa elle-même, il plaçait Voyager en orbite au-dessus de nous, prenant pour la première fois la sonde de vitesse. La Nasa en fin de communiqué annonça que les équipages de l'ISS avaient été formés pour intercepter Voyager et la démanteler.

TROISIÈME PARTIE

À son retour du Brésil, Grace s'était rendue à Cologne pour poursuivre ses entraînements. Il était prévu qu'elle y reste quinze jours avant de prendre ses quartiers à la Cité des étoiles de Moscou où elle achèverait la préparation de sa mission. Puis après une ultime et courte pause, mise à profit pour saluer ses amis et sa famille, l'astronaute rejoindrait Baïkonour et décollerait pour l'ISS. Le calendrier de travail des astronautes n'avait pas varié depuis les premiers vols vers la station en 1998.

Jess Russell appelait sa fille tous les jours ; cela ne lui était jamais arrivé depuis qu'elle avait quitté leur maison de Cornouailles pour faire ses classes militaires à Boscombe. Il lui racontait sa vie à La Havane, commentait l'activité, ou l'inactivité, de la marina, et discutait des derniers développements du « problème Voyager ». Il voyait Paul régulièrement, qui avait la courtoisie de lui rendre visite. Ensemble ils cabotaient ; Paul n'était pas à l'aise en bateau et s'avérait peu doué pour pêcher les homards, mais il avait le goût d'apprendre. Au reste, il n'avait pas beaucoup d'occupations, et la côte était d'une beauté ahurissante. Russell s'estimait heureux de l'avoir exfiltré et transporté jusqu'à Cuba ; sans le dire à sa fille, il considérait qu'il avait accompli là une belle chose, qu'il pouvait regarder sans ricaner.

Camille et Grace se retrouvèrent à Moscou. Ils passèrent deux nuits et deux jours ensemble, sans quitter la chambre, ou si peu. Leur hôtel était situé face au monastère Sretensky. Camille n'avait jamais paru si beau à Grace ; elle l'admirait, un doigt entre les lèvres, allongée sur le dos, tandis qu'elle avait joui, son regard bleu passant sur son buste droit, sa verge palpitante montée entre ses cuisses ; il lui rendait son regard, admirait sa beauté ; et il y retournait, piochait son bonheur, et à nouveau elle chantait, le serrant contre lui, les yeux fermés sur une vision du paradis. Ils s'aimaient sans compter, sachant qu'ensuite il faudrait compter les jours, et qu'après avoir compté les jours, ils ne se verraient plus.

Entre deux étreintes, elle lui parla de ses deux compagnons de mission. Elle le dit sans détour : d'une certaine façon, ils lui manquaient et il lui tardait de les retrouver. Ils avaient passé des centaines d'heures confinés dans un simulateur de vol, en bivouac dans les forêts de Sibérie, en scaphandre au fond d'une piscine. Elle avait avec eux partagé à peu près tout, sauf un lit, dit-elle à Camille qui commençait à froncer les sourcils.

Andreï Lyapunov était connu en Russie comme pouvait l'être Grace en Angleterre grâce aux tabloïds. Il était, comme elle, pilote de chasse. Andreï était père de quatre filles, dont les photos flottèrent dans l'ISS lors de sa première mission, avant que le commandant lui demande de les ranger car elles lui passaient sous le nez de manière impromptue au risque de gêner ses manipulations. Andreï Lyapunov avait déjà accompli une mission à bord de l'ISS, où en plus de s'accompagner du portrait de ses filles, il s'était distingué en chantant d'une belle voix de ténor, dans les trois langues de l'équipage (le russe, l'italien et l'anglais), des arias de *Boris Godounov*, de *Guillaume Tell* et du *Trouvère*, le soir de Noël. C'était un grand gaillard bien fait, bon comme il était fort, qui se savait suffisamment beau pour se négliger, et laisser des poils touffus pousser comme des bosquets dans le creux de ses oreilles. Ses sourcils fournis progressaient chaque année jusqu'à se toucher au-dessus de son regard bleu. Il pouvait dormir dans la centrifugeuse ou siffloter un air de valse tandis que son simulateur de vol lui demandait de réagir car Soyouz prenait feu. Faux dilettante, il travaillait beaucoup, connaissait l'histoire de la conquête du ciel, le nom de chaque astronaute, mort ou vif, comme d'autres se passionnent pour le championnat de football ou le tour de France dont ils égrènent le nom des joueurs et des coureurs, année après année. Il était bon camarade, partageait ses plats et était plein d'attentions.

Au terme de sa première mission à bord de l'ISS, il se dit qu'il n'y retournerait plus, qu'il resterait auprès de ses filles, mais son âge avançant, il fut paradoxalement de plus en plus courtisé, en raison de notre ignorance du comportement d'organismes vieillissant dans le vide sidéral. On dit que lorsqu'il rentra de sa première mission dans l'espace, il but comme un trou, et ne savait plus que faire de ses jours. Il souffrait du syndrome de l'accomplissement. Ce qui lui était particulièrement pénible, c'était l'immobilité. Évidemment tout bouge, tout tourne, et rien ne bouge, rien ne tourne, selon votre position. À bord de l'ISS, la Terre tourne sous vos yeux. C'est quelque chose, cette énorme masse qui roule. Alors se retrouver coincé dans des embouteillages, ou sur un escalator un soir de semaine pour rentrer chez soi où vos filles ont réussi à faire brûler leurs pizzas surgelées, créait chez lui une certaine nostalgie du ciel, qui ne le quitta plus. En vacances, il louait une péniche et naviguait sur la Volga avec ses filles ; ils partaient de Moscou ou Nijni Novgorod et voguaient vers la mer Noire ; ils voyaient défiler les grandes heures de l'Union soviétique, à Kazan, Samara, Ulyanovsk, Volgograd ; ils descendirent une fois jusqu'à Astrakhan. On le trouvait sinon dans un Mig à faire la leçon aux jeunes recrues.

Comme Grace, Linda Cooper n'était jamais montée à bord de l'ISS. Elle était pilote de ligne, avait fait ses classes à United Airlines puis rejoint American Airlines où les conditions salariales étaient plus avantageuses. Elle y rencontra son mari, également pilote ; ils avaient une fille, qui détestait l'avion.

C'est son mari qui lui proposa de s'inscrire au concours de recrutement de la Nasa. Il avait lui-même passé les tests et échoué à deux reprises. Elle avait fêté son succès en l'emmenant dîner dans un restaurant à hamburgers de

Philadelphie, où elle s'offrit une pinte de bière ; lui vida l'intégralité d'une bouteille de champagne comme s'il avait victorieusement concouru.

Elle n'aimait pas les excès. Elle portait chez elle des chaussons décorés d'une tête de chat, pelucheux comme des angoras. Elle les emportait avec elle lorsqu'elle se rendait au centre d'entraînement du Kennedy Space Center. Elle effectuait l'équivalent d'un marathon par semaine. Elle apprit le russe en trois mois. Elle était gentille et serviable, sérieuse et fiable. Comme le lapin d'Alice, elle n'avait qu'une angoisse, qui était d'être en retard.

Les médias la sollicitaient moins qu'ils couraient après Grace. Elle était intelligente, plutôt jolie, mais pour une raison capricieuse, connue des chefs opérateurs des plateaux de cinéma, elle n'attirait pas la lumière. Sans doute parce qu'on savait à l'avance ce qu'elle allait vous dire, et qu'avaient dit avant elle d'autres astronautes à qui étaient posées les mêmes questions.

Durant les deux jours et les deux nuits passés dans les bras de Grace, Camille pas une fois ne toucha à des machines. Il n'avait emporté aucun ordinateur avec lui, ni rien qui ressemblât à un microprocesseur, contrairement à ce qui s'était passé à Rio. Au contact de Grace, il était moins dépendant de celles-ci. Il devait admettre aussi, et il en fit part à Grace, que l'inverse était tout aussi vrai : ses machines s'éloignaient de lui. Il ne savait comment l'expliquer. Une machine très vite vous tient compagnie ; elle n'est pas un vulgaire appareil, ainsi qu'on l'a dit. Lorsqu'il s'agit de plusieurs serveurs assemblés pour produire de l'intelligence artificielle, le sentiment de se tenir dans la compagnie de quelqu'un est encore plus aigu. Lorsqu'il se distrayait à demander à ses machines de le faire rire en lui proposant des blagues, Camille riait, et dans ce rire rentrait de l'attendrissement, car les blagues de ses machines n'étaient pas drôles du tout. L'humour semblait encore hors de leur portée, pour le plus grand plaisir de Louise. Tout juste parvenaient-elles à faire des calembours, ce qui confirmait que ce genre particulier se situait au degré le plus bas dans l'échelle de l'humour. Louise était plus radicale. Pour elle, les jeux de mots étaient l'apanage des gens pas drôles. Mais même avec ces réserves, les machines par leurs efforts émouvaient Camille.

Grace lui demandait de leurs nouvelles quand elle le retrouvait. Elle aurait fait de même d'un chat, d'un chien ou d'un python s'ils avaient été ses animaux de compagnie. Allongé contre elle, contournant du bout des doigts la blancheur de ses seins, il lui expliqua, sans être totalement satisfait de ses descriptions, que ses machines étaient rêveuses. Il dit « rêveuses », comme pour des enfants. Selon Camille, elles avaient à ce point appris durant ces six derniers mois qu'elles commençaient à s'ennuyer de ses jeux. Elles mettaient quelques secondes avant d'obéir à ses commandes, présentant un écran noir où une petite lumière clignotait. Les résultats de ses programmations étaient, plus qu'auparavant, déroutants. Chargeant les processeurs de toutes les images et des sons qui avaient été choisis par la Nasa en 1977 pour figurer sur le disque de cuivre de Voyager, il avait soumis à ses machines un jeu consistant à inventer une image supplémentaire. Le disque arrimé à Voyager en contenait 116. Qu'est-ce qu'une intelligence artificielle choisirait comme 117e image ?

Lorsqu'il exprima sa requête, la machine se mit à ronronner. Elle démarra pour une fois promptement mais le temps de calcul fut long. Camille eut le loisir d'aller s'acheter ses yaourts favoris, de faire des courses pour sa mère. Puis comme l'écran clignotait toujours au noir, il partit nager une heure, s'éraflant le pied contre une bouée. Lorsqu'il entra dans la pièce sombre, une sphère bleue se détachait contre le fond noir de l'écran. C'était la Terre mais ce n'était pas la Terre. C'était la Terre il y a 100 millions d'années. L'Australie était encore attachée à l'Antarctique. L'Amérique du Sud se désolidarisait à peine de l'Afrique. C'était la Terre avant que se disloque la Pangée.

Ils avaient parlé de Voyager longuement durant leur première rencontre au Brésil. À vrai dire ils en parlaient chaque fois qu'ils se retrouvaient. Camille voyait dans son retour un jeu – un jeu pour lui-même, car il lui offrait l'occasion de jouer au chat et à la souris avec la Nasa. Mais un jeu aussi du strict point de vue de la chose (qui pour lui était un ordinateur, composé en matriochkas) qui nous renvoyait la sonde. Où est cet ordinateur, lui avait demandé Grace. Chez nous ou ailleurs ? Camille n'en savait rien. Il ne savait qu'une chose, c'est qu'il jouait.

Ils s'aimaient comme sur une île. Sur cette île, ils s'absorbaient l'un l'autre, autant qu'ils pouvaient, dans les baisers et dans les mots. Leur amour était une histoire, et pour nourrir cet amour, il fallait des histoires.

— Raconte-moi une histoire, demandait Grace.

Une fois, prenant un air mystérieux, Camille lui dit :

— Je sais enfin comment j'ai été conçu.

— Le voisin ?

— Non.

— Le postier ?

— Non plus.

Il avait trouvé la réponse dans les circuits imprimés de ses machines.

Professeur d'anglais à l'université de Caen depuis l'âge de 23 ans, spécialiste de la littérature de voyage, Louise passa l'essentiel de sa vie à essayer d'épouser l'écrivain Norman Lewis, avec lequel elle eut une correspondance soutenue, sans jamais parvenir à ses fins. Elle rêvait de lui les yeux ouverts, trouvait son style et son humour romantiques et pourvus d'une charge érotique qu'elle ne trouvait chez nul autre ; elle aurait voulu que son génie, lui rentrant dans le corps, vînt féconder l'enfant qu'elle rêvait qu'il lui fît. Fidèle à sa réputation d'être semi-invisible et d'une discrétion absolue, Norman Lewis ne rencontra jamais Louise. Elle ne lui en tint aucune rigueur et resta amoureuse toute sa vie, rendant obligatoire la lecture de *Naples 44* et de *La Nuit du dragon*, qu'elle considérait à juste titre comme deux chefs-d'œuvre, à quiconque assistait à ses cours, quel qu'en fût le sujet.

Grande et svelte, les yeux verts, les lèvres un peu trop fines à son goût, elle avait les cheveux d'un brun tirant au roux, et des fesses surélevées, qui rehaussaient son charme.

Celui qu'elle aimait se refusant à elle, elle s'inventa des passions subalternes. Elle coucha avec quelques collègues, dans l'espoir de se convaincre que sa passion originale s'épuiserait sous la vigueur d'amants aux cris rauques. Mais rien ne vint, ou si peu. À 38 ans, quand son gynécologue lui apprit qu'elle devenait stérile, elle se donna six mois pour faire un enfant ; elle renonçait au père, mais pas à la maternité. Ce qu'elle voulait à présent, c'était un enfant robuste – et surtout, maintenant que Norman Lewis était définitivement hors d'atteinte, un enfant qui ne l'encombrerait pas d'un mari. C'était Norman ou rien.

Prenant le calepin où elle avait noté les numéros de téléphone de ses amants, assortis de descriptions de son état d'esprit au lendemain de ses rapports, elle se demanda si l'un d'entre eux accepterait de lui faire un enfant, avec l'obligation de ne jamais se considérer comme le père, ni moins encore de le reconnaître, le voir et lui donner un nom. Il y en avait bien un, qui ne voyant jamais plus loin que le bout de sa verge, laquelle semblait s'ériger en permanence devant lui et lui indiquer la marche à suivre dans l'existence, se soucierait bien peu des conséquences de ses allées et venues. Mais poilu comme une guenon, le front étroit et dépourvu de toute conversation, il possédait trop peu d'attributs que l'on souhaite voir reproduits chez un nourrisson.

D'autres avaient quelques attraits et elle était tout à fait disposée à coucher de nouveau avec eux ; mais ils étaient mariés, et ne concevaient pas de devenir père une nouvelle fois. Le sida interdisant les rapports non protégés, elle ne pouvait envisager que des techniques artisanales pour se faire inséminer, or elle s'en méfiait. La plus répandue consistait, une fois le rapport achevé, à plonger une pipette dans le préservatif et y prélever du sperme, puis à se l'inséminer au fond du col, les reins relevés – le tout à l'insu de son partenaire. Cette technique a plusieurs limites. La première est morale – le partenaire n'est pas informé ; la seconde est pratique. Pour conserver une chance d'être fécondée, il faut agir vite, la plupart des préservatifs étant enduits de lubrifiant spermicide ; et de surcroît, il faut être discrète. Il lui arrivait de dérouler le préservatif sur la verge palpitante de ses amants, par curiosité ou par gentillesse, lorsque ceux-ci le lui demandaient ; mais jamais elle ne s'embarrassait de le retirer une fois le rapport consommé, la verge molle et le réservoir rempli comme un pis. La seule alternative était donc d'attendre que le partenaire s'endorme, puis fouiller dans la poubelle, y dénouer le latex, pour y plonger une pipette longue comme une aiguille à tricoter et retourner au lit sans attirer l'attention – et ne parlons pas de la suite, les fesses relevées. Il fallait vraiment que son compagnon fût très soûl, profondément assoupi, ou qu'il eût décampé pour que l'opération soit couronnée de succès. Après en avoir discuté sur le parking de l'université avec une collègue, professeur d'espagnol et très au fait sur la question, elle décida de se rendre en Espagne, seul pays d'Europe à l'époque où la législation autorisait une femme à recourir à l'insémination artificielle sans la décoration d'un mari.

Elle partit de Villers-sur-Mer, avec des vêtements pour une semaine, les œuvres à demi complètes de son cher Norman Lewis et une appréhension légère. Tandis que ses bottines (il pleuvait un peu) foulaient les graviers de l'allée et la menaient au portail, elle essaya de se remémorer ses mains sur la poignée, l'humidité de l'air, le parfum de la rose, son état d'esprit, certaine qu'elle reviendrait tout autre et qu'ensuite, plus rien ne serait comme avant. En entrant dans le train qui la menait à Deauville, elle eut le sentiment qu'elle avait accompli le plus difficile. Dans le train suivant, pour Paris, elle s'assit à gauche, dans le sens de la marche, contre la fenêtre, afin de voir surgir l'énormité imposante et protectrice de la cathédrale de Lisieux. Le compartiment était vide. Elle s'absorbait dans une tâche particulière : elle inventait un père au petit, ou à la petite, qu'elle ne portait pas encore mais qui ne saurait tarder.

Du père, elle connaissait déjà quelques traits : il était beau, évidemment, athlétique, aventurier, vraisemblablement étranger, même si elle hésitait un peu sur ce point. C'est grisant et très angoissant à la fois, l'invention d'un père. Elle l'avait aimée toute une nuit, ce fut un amour soudain et fulgurant comme on n'en rencontre pas deux fois dans une vie. Puis il avait repris le cours dérobé de son existence, sans savoir qu'il avait donné la vie. C'est l'histoire qu'elle servit à Camille.

Gare d'Austerlitz, elle monta à bord du Talgo.

Des tas d'histoires formidables commencent sur des rails, se dit-elle en hissant la valise dans le compartiment vide au-dessus du lit qui lui était réservé. *La Sonate à Kreuzer*, énuméra-t-elle en dépliant les draps. *L'homme qui voulut être roi. Le Crime de l'Orient-Express. La Transformation. Roi, dame, valet.*

— Vous permettez que je vous aide ? dit une voix d'homme contre son oreille ; le lit fait, elle s'était levée et cherchait à hisser la valise dans le compartiment supérieur. Il se tenait dans son dos, les bras étendus par-dessus les siens ; ses doigts avaient saisi la valise aux coins et l'avaient poussée dans le compartiment avant qu'elle réponde.

C'était un scaphandrier, comme il le lui apprit dans le wagon-restaurant. Il se rendait à Barcelone. Un hélicoptère l'y attendait, qui le transporterait sur une plateforme au large des Baléares à partir de laquelle il effectuerait ses plongées. Sa mission consistait à raccorder, à 300 mètres de fond, les éléments d'un nouveau gazoduc alimentant la France en gaz naturel depuis l'Algérie.

Il s'exprimait par phrases courtes, d'une voix égale, au timbre grave ; il chuchotait presque. Il avait un visage tout en longueur, les yeux d'un bleu tirant au vert, ou l'inverse, selon la lumière qui venait. Ses cheveux étaient courts, et ses joues un peu creuses lui donnaient plus que son âge ; il avait le nez fort et anguleux, qu'elle trouvait viril. Il était un peu nerveux et le confessait sans pudeur. C'était sa première mission sur un pipeline sous-marin, et elle n'était pas sans péril. Il devait remplacer un plongeur dont le bras s'était retrouvé coincé entre deux valves. Elles lui avaient aspiré toute la chair, depuis l'épaule jusqu'au bout du gant.

— Il a eu le bras sucé jusqu'à l'os, dit-il, en tirant de sa bouche un pilon de poulet.

Il n'avait pas raconté son histoire pour se faire admirer ou se faire plaindre, simplement l'antécédent d'un accident mortel lui pesait.

— Vous faites un métier horriblement dangereux, lui dit-elle, et elle se sentit idiote d'avoir formulé une observation aussi mièvre.

— Quel métier ne l'est pas ? répondit-il. Je préfère celui-là à tous ceux qui vous tuent à petit feu.

Il gagnait bien sa vie, avait la chance de voyager. Il était intervenu en Guyane pour récupérer le premier étage défectueux de la fusée Ariane. En mer du Nord sur des plateformes pétrolières. Après les Baléares, il se rendrait au large de la pointe du Raz pour y installer une station d'hydroliennes. Ils étaient peu nombreux à exercer son métier. Il ne se voyait pas en changer, même avec l'âge. Il était plus jeune qu'elle, il devait avoir moins de trente ans. Pendant qu'il lui parlait, à présent qu'il avait fini son poulet, il dessinait sur la nappe le dispositif de cloche sous-marine qu'il devait déposer au fond de l'eau pour remplacer la portion de gazoduc défectueux. Ils buvaient du vin, à sa demande à elle. Un moment, confus d'avoir autant parlé de lui, il posa son stylo et se tut. Elle aussi se taisait, raison pour laquelle elle avait terminé son poulet.

Elle voulait le rassurer, lui dire que tout allait bien se passer, mais comme elle n'en savait rien et trouvait sa remarque tout aussi idiote que la précédente, elle garda le silence. Ils regagnèrent leur compartiment, chacun dans ses pensées, elle devant, lui derrière, qui les bras tendus par-dessus sa tête lui ouvrait les portes à mesure qu'elle avançait.

Ils se dirent aussitôt bonne nuit et ne tardèrent pas à se coucher. Elle lisait sans lire *La Nuit du dragon*. Lui était étendu dans le noir, les mains derrière la tête, comme s'il regardait les étoiles. Puis pour tous les deux le sommeil vint.

Elle se réveilla en sursaut au milieu de la nuit. Elle tourna la tête et distingua sa silhouette, dans la même position qu'avant le sommeil, les mains passées derrière la tête, les coudes écartés.

— Vous ne dormez pas ? lui demanda-t-elle.

Il ne répondit pas.

— Vous avez peur ?

— Un peu.

— Venez, lui dit-elle.

Il lui fit l'amour pour conjurer son angoisse, elle lui fit l'amour par bonté, et ce n'est que lorsqu'elle sentit qu'il se raidissait sous ses mains qu'elle songea qu'elle était inconsciente et folle, que leur rapport ne serait pas protégé, et tout aussitôt elle se dit c'est lui, le père, et l'accueillant aussi profondément que l'architecture du compartiment le permettait, elle le but avec ses reins. Lorsqu'elle se réveilla en gare de Madrid, le compartiment était vide, il était descendu en gare de Barcelone sans qu'elle l'eût entendu.

C’est ainsi que la mère de Camille trouva un père ; quant à ce qu’elle fit au juste à Madrid, Camille raconta à Grace qu’elle visita le Prado, s’émerveilla du talent hétéroclite d’un peintre nommé Desconocido, et qu’elle renonça à l’insémination au bénéfice d’un voyage retour en Talgo.

— C’est une belle histoire, dit Grace. Ta mère aurait dû te la raconter plus tôt.

— Ce n’est pas ma mère qui me l’a racontée, répondit Camille, prenant un air mystérieux.

Il la laissait deviner.

— Ce sont mes machines.

Elle protesta, lui dit qu’il l’avait bien eue – lui ne voyait pas pourquoi. Mes machines racontent des histoires, dit-il, elles ne les inventent pas.

Jess n'organisait rien de particulier à la date anniversaire de la mort de Vega ; simplement le 10 juillet il n'allait pas travailler ; il restait à la maison où il s'inventait des occupations, et préparait à dîner en écoutant les bulletins de météo marine, un regard sur ses casseroles, un autre vers l'extérieur, à travers la vitre qu'il entrouvrait pour dissiper la buée quelle que soit la saison. Son regard allait et venait de ses casseroles au quai des ferrys au bas de la rue, les bouées de chenal, et au-delà, la forêt de mâts, blancs et serrés, comme des troncs de bouleau, de la marina du Royal Western Yacht Club of England où son sloop barbotait – ce sloop où il avait les premières fois fait l'amour à Vega.

À mesure qu'elle grandissait, Grace comprenait qu'il n'y avait aucune obligation formelle à dîner ce soir-là avec son père mais l'invitation était tacite ; et une fois l'habitude acquise, depuis l'année de ses 11 ans, Grace dînait avec Jess et lui tenait compagnie. Puis tout aussi invariablement, le 11 au matin, ils rejoignaient la marina, montaient à bord d'*Odette* et partaient en mer, quel que soit le temps.

L'année suivant le décès, ils naviguèrent jusqu'aux Açores. Jess avait demandé six mois de congés ; ils y passèrent près de trois mois, se rendant chaque jour au spectacle des baleines. Comme un enfant triste cherche des consolations chez plus âgé que lui, leur détresse trouva un peu de réconfort dans la compagnie de ces géants. Les baleines par leur aspect rustique, les barbiches d'algue et les coquillages accrochés à leur peau, donnent l'impression d'être aussi vieilles que l'océan. Prenant à cœur leur position d'aïeule, elles saluent leurs frères humains, de leur nageoire montant et descendant puis d'un mouvement de la queue ondulant au vent comme un mouchoir blanc.

L'exploration des Açores fut exceptionnelle par sa longueur ; les années suivantes, ils partirent moins longtemps, trouvaient d'ordinaire un abri sous les côtes de Bretagne où ils cabotaient un mois durant, avant de doubler à nouveau le Finistère et tirer un bord jusqu'aux Cornouailles. Au retour, ils s'arrêtaient à Penzance ou Plymouth, selon le sens et la force du vent. Jamais, depuis leur virée aux Açores, ils ne dérogèrent à la règle de la croisière commune, même lorsque Grace eut ses premiers amours et ses premiers amants.

Elle n'y dérogea pas davantage tout au long des cinq années de son recrutement par l'Agence spatiale européenne. Elle dînait chez Jess, souvent avec deux amies de Vega, qu'elle tenait à inviter contre l'avis de son père. Il cuisinait du mouton à la bière, dans un grand plat rempli de patates, qu'il arrosait en fin de cuisson de whisky et de vin blanc. Ses recettes étaient toujours les mêmes, seules les quantités d'alcools variaient.

L'été de l'annonce de son recrutement par l'Agence spatiale européenne, Jess et Grace quittèrent Plymouth, le 11 juillet, à bord du sloop. Le vent était modéré, la mer ronde. Ils naviguèrent au sud-est en direction de Salcombe, après quoi ils mirent le cap sur l'île de Wight, plus à l'est.

Ils trouvèrent plus d'air au large du Dorset, en fin d'après-midi. Grace était à la barre et se concentrait, maintenant que la nuit tombait, sur la route des paquebots montant et descendant le rail de la Manche. Ils avaient doublé Salcombe puis navigué plein est, par une mer longue que soulevait une houle sans clapot. Le bateau avançait à travers Navitus Bay, dans des teintes de zinc et de jade.

Il s'agissait d'une barge noire, d'environ vingt mètres de long, dont le pont était coiffé d'une tourelle et de deux hauts fûts de couleur blanche, semblables à des cheminées. De part et d'autre de la tourelle, deux grues orange pointaient leurs flèches vers la mer ; à leur extrémité, des crochets pendaient à des élingues, que la houle faisait tinter comme des sonnailles. Grace manœuvra de sorte à passer suffisamment loin de la barge et ne courir aucun risque de la heurter ou de gêner les manœuvres qui sur le pont se préparaient. On distinguait des silhouettes en combinaison orange qui s'affairaient.

Une des deux grues était en marche, on entendait le martèlement métallique de son treuil, l'enroulement heurté d'une chaîne. La flèche tendue au-dessus de l'eau, elle remontait du fond de l'océan un câble noir, rectiligne comme une barre de métal qui en perçait la surface. Sur la barge, c'était à présent près de dix silhouettes orange qui se pressaient, et qui comme Jess et Grace sur leur bateau, scrutaient la nappe des eaux. Grace s'approcha, gardant la barge sous son vent. Soudain il y eut un cri, repris par d'autres voix, comme un ordre répété dans une suite de commandes, et le cliquètement de la grue cessa. Alors Grace vit le bulbe, crevant les vagues. Un astronaute, se dit-elle.

Un nouvel ordre fut donné, répété par les hommes ; la chaîne reprit ses tours. Le bulbe sortit de l'eau, tiré par la grue, et un homme apparut, son visage dissimulé sous un casque miroitant. Il était comme tombé de l'espace, dans une combinaison qui le grandissait. Par réflexe Grace chercha sur son torse et ses épaules les insignes de l'Agence spatiale européenne, de Roscosmos ou de la Nasa. Les articulations étaient cerclées de joints métalliques ; sur son dos un harnais supportait de courtes turbines, comme on en use dans les sorties de l'ISS.

L'homme fut hissé intégralement hors de l'eau, et à nouveau le moteur de la grue s'arrêta ; les membres raidis par sa combinaison, il était en suspens, les pieds heurtés par les vagues ; et comme un pantin, il tournait, sous les crochets et les élingues qui au-dessus de sa tête oscillaient. Les bras écartés, il fit une première rotation, avant de se stabiliser. Grace le fixait du regard, tout comme Jess, assis sous le vent. Il leva un bras, à destination de ses équipiers sur la barge qui dans son dos se tenaient serrés, mais il sembla à Grace qu'il la saluait. Aussi lui adressa-t-elle un salut en retour. Puis la flèche de la grue déplaça l'homme au-dessus de la barge, où elle le posa.

— Crois-tu que c'était mon père ? demanda Camille.

— C'est toi qui choisis, répondit-elle.

— Alors c'était lui.

C'était un beau cadeau ; il l'embrassa. On entendait monter les chants du monastère Sretensky. Elle oubliait Soyouz, ils oubliaient Voyager. Par égard pour les religieux, ils tâchaient, autant que possible, de faire l'amour pendant que ceux-ci chantaient.

Voyager n'a pas de genre, mais les journalistes l'avaient féminisée. On savait qu'elle approchait. On savait, ou plutôt, on sentait, qu'il se passait quelque chose : les Terriens le sentaient, comme un animal renifle et perçoit le danger. Il n'était plus l'heure de chercher querelle, d'établir des procès ; il n'était plus temps de demander des comptes. Tout cela, ce serait pour après. Comme la sidération se dissipe après l'éclipse qui l'a provoquée, le temps de la raison reviendrait.

À Camille rentrée de Moscou, Louise lut ce court texte de Nietzsche ouvrant *Le Gai Savoir* : « Que je considère les hommes d'un œil bon ou méchant, je les vois toujours appliqués à une unique tâche, tous et chacun en particulier : faire ce qui sert la conservation de l'espèce humaine. Et ce, à vrai dire, non pas en vertu d'un sentiment d'amour pour cette espèce, mais simplement parce que rien n'est en eux plus ancien, plus fort, plus implacable, plus insurmontable que cet instinct – parce que cet instinct est précisément l'essence de notre espèce et de notre troupeau. »

Pour sa survie, l'espèce humaine avait choisi, après quelques hésitations, de considérer Voyager comme une menace à l'exclusion de toute autre éventualité. La foule autrefois bruyante et véhémente réclamait maintenant des institutions politiques et militaires qu'elles retrouvent leur magistère, que les gouvernements agissent, que l'ordre succède au désordre, que chacun prenne ses responsabilités. C'est ainsi qu'après une période rare et brève durant laquelle il avait semblé que tout fût possible, et l'avenir promis à nous grandir et nous élever, à nouveau les verges fleurissaient, les lames brillaient ; et la révolution se jeta dans la rivière, effrayée par son reflet.

Dans le silence qui retombait sur les places et devant les ministères, chacun semblait dire : retourne dans ta boîte, vilain chat, mange le poison, et meurs. Seuls quelques-uns continuaient de crier « Mensonge ! », désiraient savoir et non être rassurés ; ils soulevaient des banderoles, mais on ne les voyait plus. Les regards se tournaient vers le ciel ténébreux, puis se portaient sur les téléphones, les ordinateurs, les tablettes, où les kilomètres défilaient à rebours et hypnotisaient. La Nasa avait replacé sur sa page internet le compteur kilométrique de Voyager.

Grace et Camille se rencontrèrent une dernière fois en Angleterre. Le couple se retrouva à Londres ; ils se rendirent ensuite en Cornouailles, à Plymouth, puis à Penzance où un Jess bronzé leur ouvrit la porte. De retour de Cuba, Russell avait quitté Marx et était revenu au capital. Il avait proposé à Paul de vivre dans son voilier, à La Havane, avant sa prochaine rotation vers Cuba.

Grace fit les présentations ; elle dit de Camille : c'est l'homme par qui l'on a su. Contre toute attente Jess Russell se montra aimable. Incontestablement, et il en convenait lui-même, son séjour cubain avait assoupli le cuir de sa méchanceté. Il faut être communiste au moins un jour sur deux, dit-il à ses hôtes en les priant d'entrer.

Ils burent et mangèrent toute la nuit, chacun complétant le récit de l'autre. Russell était certain que Voyager revenait non pour nous mettre en garde et nous effrayer, mais pour donner une dernière chance à l'homme d'être à la hauteur. Je suis communiste jusqu'à minuit, s'excusa-t-il. Je partage en deux mes journées. Après plusieurs verres il révisa son opinion ; mais il est vrai que minuit était passé. L'homme est mauvais, dit-il avec une joie amère et sombre, et Voyager revient pour nous le rappeler. C'est une farce, un tour, que nous joue une puissance encore plus mauvaise que nous. Camille écoutait, avec ce regard tantôt profond et tantôt niais qui le caractérisait ; on n'aurait su dire s'il pensait. En réalité il pensait par intermittence à sa mère. Louise aussi commençait à avoir sérieusement peur de Voyager. Il y avait dans son retour et l'économie de moyens utilisés pour intriguer, pour inquiéter et effrayer, demain peut-être, la marque d'un esprit supérieur, sardonique et fondamentalement mauvais. Louise et Russell tombaient d'accord ; sans doute parce qu'ils avaient lu les mêmes romans. Il vint à Camille cette idée que c'est celui ou celle qui inclurait l'autre dans son histoire qui à la fin l'emporterait.

— Si le son se propageait dans l'espace, savez-vous ce que nous entendrions dans le sillage de Voyager ? demanda Russell. Un rire. Un énorme rire. À eux le rire, à nous l'effroi.

Avant de s'endormir, enlacés comme deux lettres gravées sur le tronc d'un chêne, Grace demanda à Camille si ses machines étaient parvenues à le faire rire, et à relever le défi lancé à sa mère. Le jour où les ordinateurs auront appris l'humour, alors pour nous ce sera terminé. C'est à peu près ce qu'elle lui avait dit, n'est-ce pas ? Camille approuva – ce n'était pas tout à fait les mêmes mots, mais l'idée de Louise était bien celle-là. Oui, répondit-il, les machines me font rire, mais pour l'instant uniquement à leurs dépens. Les questions pour ses machines lui venaient, comme chaque fois, au seuil de l'endormissement. Et si tes machines se mettaient à rire – à rire de toi par exemple, t'inspireraient-elles de la crainte ? demanda Grace. Camille envisagea la chose ; elle lui déplut et il serra Grace un peu plus contre lui.

Camille voyait bien qu'elle s'éloignait chaque jour davantage – son départ pour la station approchait et ses pensées, bien ordonnées, la devançaient, convergeant vers l'échéance.

Dans un demi-sommeil, elle lui parla du *pond*. Elle lui dit que c'était un des derniers endroits de la Terre où l'on pouvait vivre nus, à l'égal des dieux. L'eau y était limpide et savoureuse, comme si elle coulait d'une source oubliée ;

les hêtres étaient somptueux. Ils élevaient dans l'air pur leur dais majestueux, habité de grives et de mésanges ; et le lendemain alors que l'aube rosissait, plaçant sur son dos le sac du bivouac, puis l'encourageant d'un baiser, elle lui promit qu'ils pourraient y faire l'amour, dormir et papoter, sans crainte d'être observés, car aucun satellite ne pourrait les y voir et moins encore les écouter.

— Bonne nuit mon amour, lui dit-elle.

Le jour du solstice d'été, à l'heure convenue, Grace se présenta à la porte principale de Baïkonour.

Ses deux instructeurs de vol l'accueillirent à l'entrée de la dernière enceinte, bordant l'accès à la zone Korolev, dans la région centrale du cosmodrome. Ils félicitèrent Grace pour sa bonne mine ; son regard paraissait plus perçant encore, dans la vibration du bleu électrique de sa salopette frappée aux armes de l'ESA. Un peu émue, elle avança vers le sas d'entrée encadrée par les instructeurs ; elle se tenait le dos droit, comme une danseuse, et tandis qu'elle surprenait son reflet dans les vitres couvrant les parois du sas, elle songea avec surprise à sa mère Vega.

Sa marche dans les couloirs du cosmodrome s'accompagnait dans son esprit d'une convergence toute rectiligne vers un point de fuite qui pouvait être la mort ou toute autre chose d'aussi immense et inconnu. Le compte à rebours commence des semaines avant que les astronautes s'installent dans leur siège à bord de Soyouz. Pour Grace, il s'accélérait.

Après une quarantaine de quinze jours, elle monta dans le bus aux couleurs du drapeau russe la conduisant au centre de tir, en compagnie de Linda Cooper et Andreï Lyapunov, ses compagnons de vol. Ils n'avaient pas beaucoup de paroles à échanger : ils manifestaient à l'égard l'un de l'autre, par des regards et des gestes, une attention toute fraternelle disant qu'à trois ils étaient un. C'est maintenant, se disaient-ils, chaque seconde, c'est maintenant. Et levant le regard vers la coiffe de la fusée et le compartiment de vie qui paraissait si fragile au-dessus des quatre propulseurs disposés en fagot, songeant aux pionniers mais aussi à l'inconnue qui approchait, ils pouvaient se dire que quoi qu'il advienne, ils auraient été à la hauteur et ne devaient rien regretter. Selon la tradition russe, la fusée Soyouz avait été transportée du hangar jusqu'à la rampe de lancement sans que les astronautes aient eu l'autorisation de la regarder.

La conférence de presse, convoquée comme à l'ordinaire la veille du lancement, avait été exceptionnellement brève. Andy Nicholson y avait répété que l'objectif de la mission était d'intercepter Voyager, que les équipes de la Nasa dirigeaient à présent vers l'orbite de l'ISS. Les astronautes avaient été entraînés depuis deux ans aux manœuvres de capture. Ils avaient pour tâche, une fois Voyager arrimée, de récupérer ses instruments afin que la cause de l'anomalie que constituait son retour pût être identifiée, et les informations relatives à son parcours, toujours protégées par le secret défense, déclassifiées. Il se disait ravi de la coopération avec les services russes et ne doutait pas des excellents résultats qu'elle produirait. Tout était bien qui finirait bien, selon la formule, et sans la prononcer, son sourire vous invitait à l'entendre et ne pas importuner les astronautes par des questions inutiles.

Les proches étaient invités à suivre la progression de Soyouz depuis la salle de presse, où les images prises par les caméras à bord, ainsi que les transmissions radio, étaient diffusées en direct. La Nasa avait placé les images sur une page internet dédiée. Camille fut surpris de l'angoisse qui le saisit quand il vit apparaître sur l'écran le visage de Grace, tandis que les trois astronautes assis sur leur siège exécutaient avec une décontraction presque enjouée, au sommet de ce qui restait un missile, les tâches requises par le décollage. Le prêtre orthodoxe, qui avait béni les trois astronautes, se tenait lui aussi dans la salle de presse, et suivait le compte à rebours, comme un médecin surveille à son insu un malade après lui avoir fait une injection ; soudain, tandis que les propulseurs dans une grande aurore arrachaient du sol la fusée, il les bénit une dernière fois, comme pour conjurer un regret.

Les trois astronautes bien évidemment se savaient filmés. De temps en temps ils levaient le pouce vers la caméra ; mais on voyait qu'ils étaient déjà loin, effectuant tous les gestes qu'ils avaient répétés tant de fois, serrés l'un contre l'autre dans leur baquet. Moins de dix minutes après le décollage, propulsés à 25 000 km/h, les astronautes se retrouvèrent en apesanteur, ainsi qu'en attestent les déplacements aériens d'un petit caniche dans la capsule – la peluche avait été offerte à Andreï Lyapunov par sa plus jeune fille.

Il fallut trente-six heures à Soyouz pour rejoindre l'ISS. Le voyage comptait une trentaine de tours de la Terre, le temps pour Soyouz d'atteindre l'orbite de la station ; une fois celle-ci parvenue sur la même orbite, il fallait encore six heures avant que l'amarrage soit complet. L'arrimage se déroula sans incident.

Grace Apollonia Russell, Linda Cooper et Andreï Lyapunov rejoignirent les Américains Scott Tingle et Aron Battlefield, et le Russe Anton Chkaplerov. Il y eut des accolades et des photos. L'équipage de l'expédition 59 de l'ISS était à présent au complet. Contre la règle qui veut que le commandant de la mission figure parmi les trois astronautes déjà à bord, c'est Andreï Lyapunov qui en assurait le commandement.

La quantité des tâches à effectuer chaque jour se répartissait dans des sections de dix minutes, pour les plus brèves ; elles laissaient peu de liberté à l'esprit pour divaguer. Le maigre temps pour soi-même prenait une importance et un relief considérables. Tous les astronautes montés à bord de l'ISS confirmaient que les séjours sous le hublot panoramique de la Cupola, cette capsule spéciale qui offre une vision à 360 degrés de la Terre, les seize couchers et levers de Soleil quotidiens, les résilles lumineuses des villes, les éclats des torchères, la perception d'une station si fragile, en orbite autour de la Terre elle-même si fragile sous la mince pellicule de son atmosphère : tout cela rendait plus grand et plus indispensable l'amour qu'éprouvaient les membres de l'expédition pour leurs épouses et leurs époux, leurs enfants, leurs proches, et au-delà, pour le genre humain. C'était comme si l'amour qu'ils éprouvaient était la vraie matière de toute cette beauté.

Le commandant Andreï Lyapunov avait peu d'ordres à donner ; chacun savait ce qu'il avait à faire. Au reste, quoiqu'il fût un excellent chef, il n'aimait pas commander. Chacun s'attelait à sa tâche, répétait les manœuvres. Le bras installé par l'avant-dernière mission était l'objet d'une attention particulière. Il fut actionné à deux reprises. On travaillait sans répit et pourtant chacun avait le sentiment d'attendre et de ne rien faire. De fait tout le monde l'attendait. Les six astronautes ne pensaient qu'à une seule chose, qui était l'heure et le jour de la rencontre, si elle survenait.

Voyager continuait d'approcher mais sa vitesse déclinait. À 35 millions de kilomètres de la Terre, soit après avoir parcouru un peu plus de la moitié de la distance nous séparant de Mars, sa vitesse tout à coup s'infléchit. De 140 000 km/h elle tomba à 120 000 km/h. Elle resta stable pendant quelques jours. Puis brutalement à nouveau elle chuta, à 62 000 km/h, qui était sa vitesse de croisière après son lancement. Elle déclina toujours sporadiquement, compliquant le calcul du jour et de l'heure de contact avec la station.

La Nasa avait annoncé à Lyapunov une rencontre cinq semaines après son arrivée à bord. Ce laps de temps écoulé, Voyager se trouvait encore à 2 millions de kilomètres de la Terre, car entre-temps sa vitesse avait encore diminué. Ses réserves d'énergie manifestement s'épuisaient. On se mit à craindre que la Lune la capture dans son champ de gravité et que l'énergie lui manque pour s'en arracher.

Puis tout à coup, comme une sorcière sur son balai, elle passa devant la Lune.

Elle pouvait être morte ou vivante, mais dorénavant on la voyait. Sur les clichés pris par les télescopes des observatoires de Zelentchouk et Mauna Kea, on reconnut sa parabole et sa longue antenne radio. Un frisson passa sur les têtes, fit se dresser les cheveux. En voyant les photos, et en constatant l'effroi qu'elles suscitaient, chacun pouvait comprendre qu'il s'était raconté des histoires. C'était Voyager, mais ce n'était pas Voyager, car ces clichés n'auraient jamais dû exister. Voyager aurait dû être à 15 milliards de kilomètres de la Terre.

Puis elle quitta l'orbite lunaire et se dirigea vers la Terre.

Voyager s'éloignait de la Lune en une large ellipse. Vingt-quatre heures plus tard elle passait une première fois derrière la Terre, que sa trajectoire enroula comme la lanière d'un fouet.

Lorsqu'à 20 h 04 GMT on comprit, après deux orbites, que Voyager adaptait sa vitesse et sa trajectoire à celles de l'ISS, il n'y eut pas un média qui ne diffusât en direct ce qui se passait à bord de la station, et ce que, depuis ses hublots et avec ses instruments, l'équipage de l'ISS pouvait observer. On entendait les liaisons radio. On voyait Andreï, Grace et Linda, ainsi que les trois autres astronautes, flotter, en survêtement, petit polo et chaussettes, avec une décontraction apparente qui tenait plus aux effets visuels de l'apesanteur et à leur tenue de vacancier qu'à une force extraordinaire de caractère quoique chacun en fût abondamment doté.

Andreï passait d'un poste de travail à un autre, et répétait dans le micro fixé à son casque, à l'intention des autres astronautes, les instructions reçues depuis Washington et Moscou. Avaient-ils peur ? Étaient-ils anxieux ? En les voyant si affairés, on ne pouvait se défaire de l'idée qu'ils n'avaient pas volé leur place à bord, que leur courage et leur audace dépassaient la mesure ; car il fallait avoir un génie particulier, une confiance ahurissante, pour affronter dans l'environnement le plus hostile qu'on puisse imaginer des périls inédits et des abîmes métaphysiques, habillé comme un professeur de sport de lycée.

La chorégraphie alentie des cosmonautes en survêtement et chaussettes, le caractère dérisoire de leurs manœuvres, suscitaient des sentiments mélangés d'admiration et de compassion. À le voir si étranger à son milieu, on se disait que le vaillant équipage, de la meilleure volonté qu'il fût, ne pouvait sérieusement prétendre attraper Voyager du bout de sa pince comme on capture l'été dans les alpages, en petit short en toile, un papillon rare dans son filet. Cependant l'idée que leur entreprise dans le fond n'était pas sérieuse renforçait l'admiration et l'amour que l'on éprouvait pour eux.

Louise avait poussé le tas de copies qui jonchaient son bureau, dressé en pile les ultimes épreuves de sa biographie de Norman Lewis, et posé sur une pile de romans à terre des bâtonnets de carotte et de concombre que Camille grignotait les joues pleines, avec la célérité obtuse d'un hamster. Camille suivait les images en direct au deuxième étage de sa maison, sur l'ordinateur de sa mère.

L'ISS était très peu mobile. Elle avait beau tourner dans l'espace, elle n'évoluait pas dans le vide complet : à son altitude d'environ 400 kilomètres il subsistait quelques atomes d'oxygène qui la freinaient, très légèrement, et lui faisaient perdre de l'altitude. Aussi l'équipage procédait-il de loin en loin à l'allumage des moteurs de la capsule Soyouz : arrimée à la station, elle lui permettait de gagner en vitesse et de remonter son orbite. Hormis ces quelques accélérations ponctuelles, l'ISS était passive.

Lorsque Voyager amorça ses orbites descendantes, à compter de 36 000 kilomètres de la Terre, l'équipage se prépara à l'arrimage. Il n'avait aucun doute sur le fait que les orbites bientôt se superposeraient.

À 12 h 04 GMT Voyager avait bouclé son premier tour de Terre et poursuivait sa descente. Comme dans une soirée électorale télévisée, les mouvements de Voyager, toujours différents, et confirmant chacun ce que le précédent annonçait, étaient l'objet de commentaires par toutes sortes d'experts qui avaient eu jusque-là la décence de se taire parce qu'ils ne savaient rien expliquer. Ils n'expliquaient rien en l'occurrence, ils commentaient. Ils commentaient les mouvements de foule, les lumières allumées dans les palais, les mains en visière, les télés posées sur des caisses, sous les frangipaniers. À 18 h 19, Voyager était en orbite à 10 kilomètres au-dessus de l'ISS et continuait de se rapprocher.

On put assister, à bord, à l'installation d'Anton Chkaplerov à son siège de commande ; il se tenait assis de profil et avait un air juvénile et un peu têtu. Une voix annonça qu'il se préparait à manœuvrer le bras articulé. Andreï Lyapunov, Scott Tingle et Aron Battlefield étaient debout derrière lui et s'entretenaient à tour de rôle avec Moscou. Grace et Linda n'étaient pas visibles ; elles étaient dans le module qui prolongeait celui du commandement.

À 19 h 02, on entendit Roscosmos puis la Nasa annoncer que Voyager était dans le sillage de l'ISS.

Puis, tout à coup, l'image disparut. L'écran était noir. On entendait les astronautes, les centres de commande à Moscou et Washington, mais il n'y avait plus d'image sur les écrans.

— Régie, basculez dans le module Columbus.

— Les caméras de l'ISS ont été désactivées.

— Est-ce que vous nous entendez ? poursuivait Moscou.

— Affirmatif.

— Nous ne vous voyons plus.

Soudain il y eut une image, chassant le noir des écrans. C'était une nouvelle image. Une image que l'on connaissait, que l'on croyait connaître, mais que l'on n'avait jamais vue.

— D'où vient l'image ? demanda Washington.

C'était une image autonome et souveraine, que personne ne commandait. Elle montrait, dans le noir du ciel, un arc de Terre, dispersant la lumière bleutée de son atmosphère, et à la périphérie, dans l'obscurité, un point blanc et lumineux. Le point grossissait à mesure que les secondes passaient, comme s'il approchait. Le plan était fixe, le cadre circulaire. C'était un œil qui regardait.

On crut que le point blanc et lumineux était Voyager, mais on ne distinguait ni l'antenne, ni la coupole ; et il continuait de grossir, seconde après seconde, de se rapprocher de la caméra qui le filmait. C'était bien un vaisseau mais ce n'était pas Voyager.

— Nous recevons les images, dit la voix de Grace.

Alors comme les cinq autres elle comprit. D'une voix claire où perçait un tremblement, Grace annonça :

— Les images sont prises par la caméra embarquée de Voyager.

— Voyager vous filme, confirma la Nasa.

Le point blanc et lumineux qui continuait de grossir, c'était eux.

L'image était poignante, car l'ISS était une petite chose, qui grossissait certes, mais avec tous ses modules, assemblés par les hommes depuis vingt ans, l'ISS filmée depuis Voyager ressemblait à un radeau sur le point de se rompre, un fœtus flottant dans l'éther noir et bleu. On distinguait à présent les différents modules, et le vaisseau Soyouz amarré.

— Qui commande la caméra de Voyager ? demanda Moscou.

Il n'y eut pas de réponse. Dans la superposition des communications radio qui reprenaient, une voix se détachait. Elle disait :

— Régie. Basculez vers les caméras embarquées à bord de l'ISS.

Puis plusieurs fois :

— Régie. Basculez.

Mais à l'écran il n'y avait plus que l'image prise depuis la caméra de Voyager, sombre mais parfaitement nette, d'un croissant de Terre cerné d'une obscurité épaisse dans laquelle se découpaient les contours de l'ISS aux reflets argentés.

C'était une image légèrement bombée, déformée à sa périphérie, comme prise à travers une lentille. Dans ce regard venu d'un autre ciel, les panneaux et les tuyères, les cylindres des modules de l'ISS donnaient de la station l'idée d'un gros insecte à la carapace brillante prise dans le cercle d'une loupe qui l'examinait. L'image continuait de grossir, sous l'autorité de Voyager, dans un silence que pas une voix à Washington et Moscou n'osait rompre.

Dans ce cercle dont la périphérie se fondait avec l'obscurité, une tige de métal blanche, éclairée par le soleil se leva soudain comme un sabre – n'est-ce pas la mante religieuse qui assassine son amant après que celui-ci l'a couverte ? Alors les voix revinrent et chassèrent le silence, on entendit d'abord Andreï, et tout d'un coup un bruit sourd, puis des cris ; il y eut un choc. L'image bousculée trembla, une voix annonça :

— Voyager nous a heurtés !

C'était toujours Andreï, il répéta sa phrase, Voyager nous a heurtés, avec une telle alarme, on croyait entendre un marin annonçant que son vaisseau s'était ouvert et sombrait. Puis il y eut à nouveau un choc, l'image vacilla. Moscou et Washington demandaient un rapport, que se passe-t-il, Voyager, que se passe-t-il, et s'apprêtaient à interrompre la retransmission en direct et recevoir de tragiques nouvelles, quand après quelques secondes de confusion et de cris, la voix d'Andreï annonça :

— Voyager arrimée.

— Répétez, dit Moscou.

— Voyager arrimée.

Et à l'écran il y eut un plan fixe, où l'on voyait le flanc arrondi d'un module, une portion du sas et de la verrière, à gauche, ainsi qu'un court segment de la grande poutrelle ; à droite, des panneaux solaires et les traits sombres d'un des radiateurs de l'ISS. Au fond, une portion d'océan, car l'ISS à ce moment était au-dessus du Pacifique. Voyager ne bougeait plus.

— Voyager est amarrée.

« S'est amarrée » était plus exact mais les mots nous choisissent. Andreï et l'équipage se confirmaient la nouvelle. Arrimée, *copy*, arrimée. L'ISS tenait Voyager au bout de son bras.

Andreï était le plus âgé et avait déjà effectué plusieurs sorties dans l'espace lors de sa première mission à bord de l'ISS. Il sortirait le premier. Puis suivraient Aron Battlefield, Scott Tingle, et Anton Chkaplerov, composant l'autre moitié de la mission 59 ; ils étaient déjà sortis lors des trois premiers mois de leur séjour et étaient donc plus expérimentés, en la matière, que Linda et Grace. Elles portaient les numéros 5 et 6 dans l'ordre des attributions. Chaque sortie était une obligation mais aussi une récompense. La Nasa, l'ASE et Roscosmos en distribuaient les droits en privilégiant l'ancienneté.

Sur l'écran, tout était immobile, n'était l'alternance du soleil et de la nuit sur le fuselage de l'ISS auquel, par le bras, Voyager se tenait arrimé.

D'abord ils envoyèrent un robot, qui avec ses caméras et ses capteurs, passa Voyager au crible de mesures. La question était de savoir si Voyager émettait de l'énergie, des radiations, des quelconques signaux. Hormis l'énergie produite par la consommation de sa pile, le robot ne détecta rien.

Puis on vit apparaître Andreï à gauche de l'écran, dans ce plan fixe qui était celui de la caméra de Voyager ; le casque d'abord, le dos ensuite. Les Terriens étaient dans l'œil de Voyager et en même temps, par ses paroles, dans le scaphandre d'Andreï qui ne ménageait pas ses efforts pour commenter ses mouvements. Il progressait sur le module Unity de la station. Il y avait des interruptions brèves, l'alternance de silence et de bruit, mais les propos étaient audibles 400 kilomètres plus bas, à la surface de la Terre. On comprenait, au débit d'Andreï, à quel point la sortie, toute sortie, dans le vide, était épuisante.

Il se tenait agrippé contre la paroi de l'ISS, ses mouvements étaient lents et heurtés ; sa main droite manipulait un câble – sa ligne de vie – tandis qu'il progressait. Pendant environ trente secondes, le scaphandre d'Andreï sortit du champ et disparut, ne laissant que la perspective du module Unity, la portion de poutrelle, les panneaux solaires, et le radiateur, à droite, strié comme une calandre.

— Tout est clair, disait-il, et il répétait : Tout est clair.

Andreï poursuivait l'inspection amorcée par le robot. Il avait des outils à la taille et au poignet. La priorité de la Nasa était de récupérer les quatre ordinateurs. Andreï énonçait à haute voix les éléments qui passaient sous son regard. Tout est clair, disait-il, tout est clair. Mais à nouveau il y eut une secousse.

L'image trembla. Puis elle s'inclina de 30 degrés vers la gauche. Voyager avait bougé.

— Les moteurs du module sont en marche, dit une voix.

— Qui parle ? demanda Moscou.

— Commandant Scott Tingle. Les moteurs de l'orbiteur sont en marche, répéta-t-il.

— Qui vous a donné l'ordre de mettre les moteurs en marche ? demanda la voix d'Andreï.

Et une autre voix, depuis Washington, posa la même question.

— Vous venez de me donner cet ordre afin que Voyager reprenne de l'altitude, répondit Scott Tingle.

— Coupez immédiatement les moteurs de l'orbiteur, dit la voix d'Andreï.

— Moteur coupé, dit Scott.

Et à nouveau l'image sursauta ; elle bascula vers la gauche, retrouva son assiette d'origine.

— Qui vous a donné cet ordre ? demandait une voix russe.

— Je suis coincé, interrompit Andreï.

— Répétez, dit la voix russe.

— Ma ligne de vie est prise.

— Précisez.

— Elle s'est enroulée à ma jambe droite. Le générateur de Voyager la comprime contre la paroi du module.

Andreï était sorti du champ.

— Pouvez-vous rejoindre le sas ? demanda Moscou.

Il y eut un silence. Moscou répéta sa question.

— Négatif, finit-il par répondre.

— Pouvez-vous trancher la ligne de vie et vous libérer ? demanda Washington.

— C'est contraire à la procédure, trancha Moscou.

Il fut décidé que le second astronaute rejoindrait Andreï. La chose était prévue, elle fut simplement avancée. Scott Tindle, commandant en second, avait demandé à Aron Battlefield d'enfiler un scaphandre, en accord avec Washington et Moscou. Ils hâtèrent la procédure, au risque de perdre deux vies – celle d'Andreï, coincé par la ligne enserrant sa jambe comme Achab sur le dos de Moby Dick, et celle d'Aron, dont le scaphandre avait été monté dans un délai écourté. C'était une de ces situations de hasard sauvage très représentatives de celles proposées à titre de test durant les entretiens d'admission. Prendriez-vous le risque de perdre la vie pour tenter de sauver celle d'un autre ?

On vit le scaphandre apparaître à gauche de l'écran, le bulbe du casque, puis le dos, progressant comme l'avait fait Andreï que l'on ne voyait plus.

— Capitaine Aron Battlefield ? demanda Washington.

— Je vous entends, répondit-il.

— Au rapport.

— Grace Russell progresse sur la face externe et s'approche du commandant Lyapunov.

— Grace Russell au rapport, dit Grace. Je vois le commandant Lyapunov.

— Qui parle ?

— Grace Russell. Je m'approche du commandant.

— Qui vous a donné l'ordre de sortir ?

— Vous m'avez donné l'ordre de faire sortir Grace Russell à la place d'Aron Battlefield, dit la voix de Scott Tindle.

— Nous n'avons jamais donné un tel ordre.

L'information fut confirmée en russe.

— Vous m'avez donné cet ordre, dit Scott d'une voix altérée.

— Parvenez-vous à dégager le commandant ? demanda Washington.

On voyait les modules de l'ISS, le noir de l'espace, l'arc de Terre.

— Ligne de vie sectionnée, j'accompagne le commandant Lyapunov jusqu'au sas, dit la voix de Grace.

Par l'œil de Voyager, on le vit qui la suivait, tenu à la taille par une laisse. Les deux silhouettes tâtonnaient, progressaient par rebond, sur la structure externe de la station. Elles s'amenuisaient puis disparurent à gauche de l'écran noir réverbéré de bleu.

Scott Tindle annonça après plusieurs minutes que le commandant Lyapunov était entré dans le sas sain et sauf et que l'équipage allait procéder à son examen.

— Nous avons repris le contrôle de l'image, annonça soudain Moscou.

L'image qui avait occupé autoritairement l'écran pendant près d'une heure avait disparu. Réapparut à la place l'image de l'habitacle de l'ISS ; puis les images des caméras embarquées défilèrent les unes après les autres, on put voir se succéder les plans des modules Zvezda, Zarya, Hab, Columbus et Kibo ; apparut Scott qui se tenait face à Andreï, le casque enlevé, Linda et Aron s'affairaient. On entendit la voix de Grace qui à l'extérieur reprenait son cheminement sur la poutrelle et rejoignait Voyager.

Elle passa trois heures dans la compagnie de la sonde. Et pendant toutes ces heures, tandis que sur Terre on l'écoutait commenter ses gestes, l'inspection et le démontage des premiers équipements, elle répétait « quelle beauté », comme si elle était distraite par le spectacle de la Terre tournant dans le ciel, « quelle beauté », entendait-on et il semblait qu'elle était sur le point de pleurer. Elle avait une voix tellement émue qu'elle en tremblait presque, une voix claire et fragile dont l'éloignement vous serrait le cœur et vous faisait, à votre tour, monter les larmes aux yeux ; Camille lui-même détourna le regard tandis qu'à côté de lui Louise reniflait. « Quelle bonté », disait aussi Grace ; et alors un début de larmes à nouveau vous oppressait. N'était-il pas concevable d'être ému ? L'empathie était-elle tellement surprenante de la part de celles et ceux qui sur Terre, comme Camille et Louise, se mettaient à sa place et se trouvaient bouleversés ? Andreï peut-être fut le premier à s'alarmer de la sensibilité excessive de Grace, de sa voix, de ses paroles.

Il donna l'ordre à Grace Russell de se préparer à retourner à bord de l'ISS, suivant la procédure.

C'est alors que le problème Voyager devint le problème Grace Apollonia Russell. Le retour de Voyager était achevé.

Grace Apollonia Russell refusait de rentrer.

La retransmission en direct fut interrompue. Le son et l'image furent coupés. Sur le bandeau défilant en bas de la page internet de la Nasa on pouvait lire « arrimage réussi », ainsi que l'heure GMT ; et comme cela se produisait pour les missions précédentes, un menu des premières vidéos enregistrées à bord fut proposé. Cependant les conversations entre Moscou, Cologne et Washington se prolongeaient, affranchies de toute publicité.

— Nous avons un problème avec Grace Russell.

— Que dit le commandant Lyapunov ?

— Il ne parvient pas à la convaincre de rentrer.

— Faites intervenir Karl Lakner.

— Il sort d'un entretien avec Grace depuis l'ESA à Cologne.

— Alors ?

— Elle ne veut pas rentrer à bord de l'ISS.

— Le temps presse.

— Faites venir son père.

— Il est en Cornouailles ou à Cuba.
— On peut établir une liaison audio par serveur.
— C'est contraire au protocole.
— Prenez contact avec son conjoint.
— La liste de ses amants est un bottin.
— Prenez le dernier de la dernière page.
— Elle a rencontré son dernier petit ami à Rio.
— Montrez-moi sa fiche.
— Les photos ont été prises à Rio.
— Quelle est sa profession ?
— Il est nègre.
— Nègre ? Nègre de qui ?
— De chefs d'entreprise.
— C'est un drôle de métier.
— Nègre aussi.

Camille était sorti marcher jusqu'au rivage ; sa mère le regardait depuis le balcon, en tirant nerveusement sur sa cigarette. Elle se dit le pauvre, que peut-il faire, et elle regardait là-haut, où les mouettes passaient dans le vent.

Ce fut d'abord le bruit qui l'alerta, elle pensa à une noyade ; il y eut ensuite le trait sombre incliné qui passant par-dessus la colline de Benerville se mit à longer le bord de mer. L'hélicoptère appartenait à l'armée. Louise vit la cocarde tricolore sur son flanc tandis qu'après un demi-cercle au-dessus de la mer il se posait sur un épi de béton hérissant le rivage. Ils vont lui annoncer une mauvaise nouvelle, se dit Louise. Il parut vouloir la devancer et marcha vers l'homme qui était sorti du bulbe de l'hélicoptère. L'homme progressait sur le sable, le buste incliné. Louise vit l'homme et son fils discuter.

Ils passèrent par-dessus le mont Canisy, virèrent à l'est vers Benerville puis Louise les perdit de vue.

L'hélicoptère se posa sur l'aéroport de Deauville, connu pour son transit de chevaux. Un Boeing 737 et un Airbus A310 étaient stationnés en bord de piste, et asservis à deux rampes d'accès. Une dizaine de boxes était posés à droite de la piste, derrière les rampes. Dans l'alignement des boxes, un avion de chasse au cockpit ouvert était stationné. Un Mirage, dit Lakner. Ils sortirent l'un après l'autre de l'hélicoptère sans saluer le pilote. Lakner courait à moitié.

Dans le hangar contre lequel les boxes de chevaux étaient alignés, il désigna à Camille une combinaison kaki et un casque avec son masque amovible, posé sur une chaise en fer. Il lui demanda de se presser. Pendant que Camille enfilait sa tenue, Camille l'interrogeait :

— Que dit-elle ?

— Elle est en paix. Pourquoi rentrer ? C'est une sorte d'ivresse.

— Cela est déjà arrivé ?

— Jamais.

— Tous les astronautes ont un comportement prévisible, je suppose.

— C'est ce que je croyais, répondit Lakner en regardant sa montre.

— Il s'est passé quelque chose à l'extérieur de l'ISS.

— Elle ne veut pas quitter Voyager, admit Lakner.

Il regarda à nouveau sa montre.

— Nous ne pouvons la faire rentrer de force et son autonomie n'est plus que de deux heures trente.

— Combien de temps faut-il pour aller à Moscou avec ce genre d'engin ?

— Cinquante-cinq minutes. Cela vous laisse environ une heure pour la convaincre de rentrer.

Pendant le bref trajet, propulsé à Mach 2, Camille réfléchit à ce qu'il allait dire à Grace. Son esprit passait de l'image qu'il se faisait de Grace, flottant dans le vide, au casque du pilote assis devant lui. Il n'était qu'à quelques kilomètres du sol, ce qui était dérisoire au regard des 400 kilomètres le séparant de Voyager ; mais il n'était plus sur Terre, et cela lui convenait.

Camille en cet instant ne savait que deux choses. Son amour pour Grace et les livres qu'il avait lus. Le premier le différenciait de Lakner. Quant aux livres, il préjugea que Lakner n'avait pas eu pour mère une professeur de littérature qui pouvait se cogner le front contre une porte parce qu'elle était absorbée par sa lecture.

Parmi les nombreux livres que lui avait fait lire sa mère, il songea à celui qui, à côté de ceux de Norman Lewis, revenait souvent dans sa conversation. Il s'agissait des leçons sur Tchouang-tseu, de Jean François Billeter. Dans ce livre difficile à résumer dans un Mirage volant à Mach 2, Billeter expliquait le génie de l'intuition, capable, mieux que la raison et le jugement, de produire la beauté d'un mouvement. L'intuition produit le beau et l'utile, mieux que la répétition et le calcul. Tchouang-tseu, écrivain taoïste du IVe siècle avant notre ère, raconte cette anecdote d'un Confucius convoqué par un seigneur de guerre pour être conseillé sur le plan de bataille à mener. À la veille du départ de son maître pour la demeure du seigneur, un disciple de Confucius, voyant celui-ci boire tranquillement son thé, lui demande ce qu'il dirait au seigneur qui le convoquait. Confucius répondit « une fois là-bas je saurai ». Confucius saisirait le mouvement qui dans sa rencontre avec le prince le conduirait vers la décision juste et la meilleure recommandation. Là-bas je saurai, se dit Camille tandis que le Mirage se posait sur la piste de la Cité des étoiles et déjà s'immobilisait.

On ne lui laissa pas le temps d'ôter sa combinaison, il eut tout juste le loisir de se débarrasser de son casque ; et au petit trot, derrière un Lakner qui lui ouvrait le passage, il traversa le tarmac, puis plusieurs bâtiments, avant de pénétrer dans une salle sombre éclairée par un grand écran lumineux que Camille reconnut comme étant la salle de commande de Roscosmos. Elle contenait trois rangées d'écrans, face auxquels une trentaine de personnes se trouvaient assises. De part et d'autre de l'écran central où à ce moment un astronaute qu'il reconnut comme Andreï Lyapunov conversait depuis l'ISS, des cabines, que l'on apercevait en transparence, se trouvaient alignées. Camille fut installé dans l'une d'elles. Il chaussa les oreillettes qu'on lui tendait.

Un écran d'ordinateur et une tour de disques durs étaient posés devant lui. Lakner lui expliqua qu'il allait être mis en relation avec Grace, qui se trouvait à l'extérieur de l'ISS ; et il plaça devant lui un plan simplifié de la station afin de lui désigner l'endroit où Grace et la sonde se trouvaient.

— J'aimerais rester à côté de vous pour vous guider pendant l'entretien, dit Lakner.

Camille regarda l'ordinateur, l'écran et objecta qu'il préférait être seul, quoiqu'il sût que la conversation serait audible à l'extérieur de la cabine, écoutée et enregistrée. Il voulait avoir l'illusion de l'intimité. Lakner croisa son regard et finit par opiner ; il le laissa et après un nouveau regard à sa montre, il sortit pour rejoindre la salle de commande. Avec d'autres officiers, il chaussa à son tour un casque.

— Grace.

— …

— Grace.

— …

— Le monde entier nous écoute, nous devons surveiller notre langage.

— Camille ?

— Elle a répondu ! s'exclama Lakner.

— Je suis heureux de t'entendre.

— …

Ils parlaient en français. Lakner traduisait aux officiers russes quoique la plupart comprissent le français.

— Camille, tout est si beau ici.

— Je ne peux pas en dire autant. Je suis dans une cabine qui sent la chaussette, sans fenêtre et sans point de vue. Mais je t'entends. Alors tout est beau ici aussi.

— Que lui dit-elle ?

— Elle répète « tout est si beau ici ».

— Et maintenant ?

— « Privatio boni. »

— Elle parle italien ?

— C'est du latin.

— Jung. Nous avons eu cette conversation, dit Lakner.

— Qu'a dit Camille ?

— Il lui dit que l'histoire n'est pas finie.

— …

— Elle répète « Privatio boni ».

— …

— Elle pleure.

— Elle est triste ?

— Non mais elle pleure.

— Que dit-il ?

— Il lui rappelle une promesse.

— …

— Il lui parle d'amour.

— …

— De désir. Ça me gêne de vous traduire.

— Que dit-elle ?

— Elle a peur d'être triste.

— Triste ?

— Si elle quitte la machine.

— Il parle.

— « Privatio boni, nous allons faire connaître la nouvelle. »

— « Nous allons faire connaître la nouvelle » ?

— Il répète : « Privatio boni. Nous allons faire connaître la nouvelle. »

— …

— Il répète : « Nous allons faire connaître la nouvelle. »

— Elle pleure.

— « Les machines ont trouvés quelque chose. »

— Qu'est-ce que cela signifie ?

— « Les machines ont trouvés quelque chose », c'est ce qu'il dit.

— Quelles machines ?

— Elle ne pleure plus.

— « Tu vas rire. »

— « Tu vas rire » ?

— « Reviens. Je ne peux rien te dire ici. »

— Elle sanglote.

— Non elle rit.

— Elle sanglote ou elle rit ?

— Je n'en sais rien.

— Taisez-vous, elle parle.

— …

— Elle rentre avec le disque.

La mission reprit son cours, aussi tranquille que celui des cinquante-huit missions qui avaient précédé. C'est ce qui paraissait aux curieux, désireux de suivre les nouvelles images déposées sur le site de la Nasa. Grace redevint Grace, du moins le semblait-il. Une fois sa décision prise de rentrer, elle s'y dédia tout entière ; elle retrouva son poste, se plia au calendrier des tâches. Plus jamais il ne fut fait mention de l'incident : Andreï comme Linda, Scott, Aron et Anton s'abstinrent d'aborder la question.

À Washington, Cologne et Moscou cependant il en allait autrement. Il fut question de débarquer Grace. C'était la position personnelle de Lakner et celle du directeur de la Nasa. Ils avaient contre eux la direction de l'ASE, le gouvernement britannique et les Russes, qui souhaitaient, pour des raisons essentiellement économiques, laisser Grace en haut jusqu'au terme de la mission 59 et la rotation avec l'équipage 60. La faire redescendre seule était impossible, sauf à utiliser le module de secours ; or si le motif était sa fragilité psychologique, que celle-ci fût révélée ou provoquée par la rencontre avec Voyager, un retour, seule, était hors de question. Elle pouvait remplacer Scott, Aron ou Anton lors de leur retour sur Terre, mais cela obligeait l'un d'eux à rester plusieurs mois de plus à bord. Surtout, cela bouleversait le calendrier des rotations suivantes. L'argument était ainsi budgétaire, les agences s'opposant à voir un compatriote se faire refuser l'accès à l'ISS dans les délais convenus. L'ASE et Roscosmos minimisèrent donc l'incident et Grace resta à bord jusqu'au terme de sa mission, comme ses compagnons Andreï et Linda.

Les premiers à quitter la station furent Scott Tingle, Aron Battlefield et Anton Chkaplerov, selon le calendrier établi. Leur mission de six mois était achevée. Ils allaient être remplacés dans quelques jours par les trois astronautes de la mission 60. Puis dans trois mois Andreï, Grace et Linda à leur tour descendraient sur Terre, aussitôt remplacés par les trois derniers astronautes de la mission suivante ; et le roulement se poursuivrait. La Nasa récupéra les caissons contenant le disque, les ordinateurs, le générateur, l'émetteur radio. Voyager avait été dépiautée comme un moineau par un chat.

Une conférence de presse conjointe fut donnée à Washington, à l'initiative de la Nasa, l'ASE et Roscosmos. Grace y assista depuis l'espace, comme Andreï et Linda, et les trois nouveaux astronautes venus compléter l'équipage.

La Nasa avait réservé son plus grand amphithéâtre. La salle de presse utilisée par Andy Nicholson durant ses trois précédentes interventions était de la taille d'un petit studio de télévision, taille idéale pour y être filmé, mais bien trop réduite pour accueillir les quelque deux cents journalistes qui, triés par les soins d'Andy lui-même, avaient obtenu un laissez-passer. Deux salles supplémentaires, adjacentes à l'amphithéâtre, avaient également étaient réquisitionnées.

Sur l'avant-scène, de part et d'autre, il y avait deux pupitres, et au fond, les drapeaux des États-Unis, de la Russie, de la Grande-Bretagne et de l'Union européenne tombant dans un drapé sculptural depuis des lances dorées réunies en faisceau. Derrière le pupitre de droite, deux sièges soutenaient les silhouettes médaillées du chef des armées et d'Andy Nicholson. Celui-ci portait, sous son sourire de bon camarade, une chemise blanche, une cravate rouge et une veste bleue croisée.

Pendant dix-sept minutes Andy Nicholson raconta l'épopée des deux sondes Voyager, depuis leur lancement de Cap Canaveral près d'un demi-siècle plus tôt. Il rappela l'objectif des deux missions, l'exploration des planètes de notre système solaire en premier lieu, et avec un ordre de priorité moindre, l'envoi d'un message gravé dans un disque, composé d'éléments écrits, de sons et d'images, à destination de civilisations inconnues. Il rappela que ce n'était pas la première fois qu'un message était envoyé physiquement dans l'espace, les sondes Pioneer ayant été équipées, elles aussi, d'un disque conçu dans la même intention. La possibilité de rencontrer une planète habitée orbitant autour d'un autre soleil n'était pas nulle, fit-il observer, rappelant le nombre de soleils que contenait l'univers – on estime que l'univers contient 40 milliards de galaxie, et dans chacune, autant d'étoiles que l'on compte de grains de sable sur nos plages. Cependant, les premières étoiles que croiserait Voyager étaient relativement éloignées – 40 000 ans pour passer à moins d'une année-lumière d'une prochaine étoile, Gliese 445, sans que rien indique qu'elles fussent entourées de planètes et bien moins encore de planètes habitables selon notre connaissance des conditions favorables à l'apparition de la vie. Tout cela faisait des deux sondes des objets d'exploration plutôt que des messagers.

Lorsque le 29 décembre 2006 à 16 h 07 disparut le signal de Voyager 1, poursuivit-il, l'hypothèse la plus vraisemblable était celle d'une collision avec un astéroïde. L'hypothèse fut retenue et dut être écartée moins de dix ans plus tard. Le 12 décembre 2015, le signal de Voyager 1 réapparut. La vitesse de la sonde indiquait que Voyager 1 avait pendant ses années de silence accumulé une énergie considérable et reçu comme une impulsion. Elle se déplaçait, selon les premiers relevés, à 2,3 fois sa vitesse d'expulsion du système solaire. La décision fut prise alors par la Nasa, avec l'aval du président et du chef d'état-major, de profiter de cette énergie acquise pour diriger Voyager vers la Terre et l'intercepter. Le but était de l'examiner et lever le mystère de son silence. La malversation, une manipulation par une puissance étrangère ne pouvant être écartées, il fut décidé d'apposer le secret défense sur toutes les informations accumulées pendant le retour de la sonde.

Durant son trajet retour, Voyager 1 avançait à une vitesse incompatible avec ses réserves d'énergie embarquées selon les calculs ; elle confirmait l'hypothèse d'une accélération initiale, survenue dans l'héliogaine à l'extérieur du système solaire. Je rappelle que le vide est le vide, et hormis lorsqu'on s'approche de l'atmosphère d'une planète telle que la nôtre, à la périphérie de laquelle flottent des molécules de gaz en quantité infime mais capables d'exercer un léger frottement et ralentir un vaisseau, même dans ce cas singulier, on s'attend à ce que la vitesse se réduise, et si elle est maintenue, que la consommation d'énergie augmente pour que la propulsion se poursuive à vitesse inchangée. Une force extérieure avait donc propulsé Voyager et donné à la sonde un nouvel élan lui permettant de dévaler l'espace à grande vitesse.

Hormis la période couvrant les dates de disparition puis de réapparition de la sonde, la Nasa a toujours tenu Voyager sous contrôle. Avec l'assentiment du président des États-Unis, du chef d'état-major, et de leurs homologues russes, britanniques et français, la Nasa prit la décision d'équiper l'ISS dans la perspective d'une rencontre avec Voyager. Avec l'accord de toutes les parties, elle fut aménagée de sorte à intercepter, grâce à un bras mécanique semblable à celui équipant les navettes Columbia et Challenger, un objet à très grande proximité. Un robot fut conçu pour être guidé dans l'environnement immédiat de l'ISS afin d'y effectuer une série de mesures et de tests. Dix rotations d'équipage furent nécessaires pour mener à terme tous ces aménagements.

Nous devons admettre notre ignorance de ce qui est arrivé à Voyager 1 entre le 29 décembre 2006 et le 12 décembre 2015. Toute énigme cependant peut être résolue si nous y dédions un budget. Ce sera le cas. Nous allons augmenter nos efforts financiers pour que les meilleurs chercheurs de ce pays trouvent l'explication de cette anomalie.

De cette ignorance cependant une précaution découlait. Le signal radio envoyé par la sonde Voyager 1 après le 12 décembre 2015 était en toute rigueur le signal envoyé par l'émetteur radio de la sonde. Rien ne nous permettait d'affirmer, jusqu'à l'intercepter, que la sonde avait conservé son intégrité et ne présentait aucune menace pour notre sécurité nationale. Il nous fallait envisager toutes les hypothèses. Il nous fallait craindre le pire.

L'émetteur pouvait par exemple ne plus être arrimé à la sonde, mais arrimé à un corps étranger. Le secret défense fut prolongé.

L'état dans lequel se trouvait Voyager, après son arrimage, tel qu'il fut constaté par le robot puis par l'équipage de la mission 59, n'attestait d'aucune altération par un corps étranger.

L'équipage est parvenu à extraire les composants essentiels de la sonde. Ceux-ci furent transportés dans le sas, puis stockés dans des caissons stériles. Ces éléments sont devant vous. Ils ont été placés en quarantaine et examinés par des équipes scientifiques et militaires américaines, européennes et russes. Les quatre ordinateurs, les deux émetteurs-récepteurs radio et le générateur ont été inspectés. Le disque a été démonté.

Des examens des disques durs, des émetteurs-récepteurs radio et du générateur, il ressort les conclusions suivantes. Les disques durs sont en état de marche et leur contenu identique à celui au départ de Floride. Les émetteurs radio fonctionnent. Les générateurs ne disposent d'aucune réserve d'énergie, ce qui est cohérent avec la longueur du trajet. Voyager est telle qu'elle devrait être à plus de 15 milliards de kilomètres d'ici dans sa route vers l'étoile Gliese.

Enfin, nous avons examiné le disque de cuivre. Lui aussi est en parfait état de marche, c'est-à-dire en parfait état de lecture. Il est possible de visionner les images et d'écouter les enregistrements audio. Les images et les sons sont en tout point semblables à ceux embarqués. Je vous laisse vous approcher du disque si vous souhaitez l'examiner. Son frère jumeau, à bord de Voyager 2, poursuit sa trajectoire à l'extérieur du système solaire. C'est l'objet le plus lointain jamais envoyé dans l'espace par les Terriens. En votre nom à tous, nous lui souhaitons bon voyage dans sa longue nuit et de belles rencontres dans un avenir que nous tous ici ne connaîtrons jamais.

La Cité des étoiles a pendant près d'un demi-siècle été une base militaire, l'agence russe n'ayant jamais fait mystère de la portée politique de ses programmes spatiaux. La ville de Chtchiolkovo où la Cité est construite était secrète, protégée par des gardes armés, des enceintes et des miradors dont quelques-uns subsistent aujourd'hui à l'est et au sud. Si à compter de 2009 la Cité, devenue civile, s'ouvre au public, il s'en dégage toujours une impression de secret et de mystère, comme si chaque bâtiment vous épiait. L'impression est du reste fondée car les équipements de surveillance, dans le basculement de la vie militaire à la vie civile, ne furent jamais démontés.

Après leur atterrissage dans les plaines kazakhs à bord de leur capsule Soyouz, les astronautes Grace Apollonia Russell, Linda Rose Cooper et Andreï Dimitri Khalev Lyapunov furent transportés par convoi jusqu'à la Cité. Ils la connaissaient, pour y avoir fait plusieurs séjours pendant leur entraînement avant de décoller pour l'ISS. Parvenus à l'intérieur de l'enceinte, ils doublèrent le

Mémorial Gagarine, longèrent la piscine d'entraînement et le bulbe du planétarium ; puis le convoi enroula l'enceinte de la centrifugeuse, centrale dans la Cité comme le Colisée dans Rome. Derrière la centrifugeuse, occupant deux bâtiments longilignes en lisière de forêt, se trouvait le centre médical où chaque astronaute fut invité à rejoindre sa chambre, surveillée par un garde armé. Ils ne disposaient ni de téléphone, ni d'ordinateurs, leurs conversations avec l'extérieur se déroulant au sous-sol, dans une salle d'état-major où sous le contrôle du commandant de la base, il leur était offert la jouissance d'un téléphone filaire en plastique gris, dont le fil s'entortillait.

Leurs journées étaient rythmées par les visites des médecins, les déplacements dans les différents laboratoires du bâtiment et les échanges au sous-sol, dans la salle d'état-major, avec leurs formateurs russes, les directeurs généraux des renseignements des forces armées russes, américaines et britanniques accompagnés chacun de trois conseillers, les directeurs de la communication de la Nasa, de Roscosmos et de l'ASE et six autres personnes ayant pris une part active dans le recrutement des astronautes. Les médecins, dans les étages, ignoraient la teneur des conversations qui se déroulaient au sous-sol. Privilège des militaires, ceux-ci avaient accès en temps réel aux résultats des tests médicaux.

La salle était éclairée par deux rangées de néons blancs d'un éclat tout soviétique ; un soupirail sur un des deux petits côtés donnait sur l'allée conduisant à la centrifugeuse. Hormis cette ouverture percée en haut du mur, la salle était close. Le soupirail fut obstrué à partir du troisième jour lorsque, les astronautes ayant recouvré l'essentiel de leurs forces et s'étant remis du choc de l'atterrissage, il convint de les interroger sur les quelques anomalies qui avaient émaillé leur mission. Pareils entretiens avaient été conduits quelques semaines plus tôt avec les cosmonautes Scott Tingle, Aron Battlefield et Anton Chkaplerov.

Ils se tenaient assis côte à côte, dans la tenue bleue électrique réglementaire, leur nom inscrit sur l'épaule gauche, à l'extrémité d'une longue table en U. Ce qui frappait d'emblée les vingt-huit personnes chargées de conduire les entretiens était l'unité qui se dégageait des trois astronautes. Évidemment la couleur uniforme de leur tenue y contribuait ; mais au-delà, il y avait dans la proximité physique de ces trois silhouettes qui se touchaient, les échanges de regards, les mains se posant sur un avant-bras pour le presser avec affection, les silences et quelquefois les rires, même s'ils survenaient peu, il y avait dans la trinité des astronautes une force et une fraternité semblables à celles des fulgurés. Ils firent face aux mêmes questions que Scott, Aron et Anton trois mois avant eux. Celles adressées à Grace en revanche différaient.

Trois questions structuraient l'entretien. Qui avait donné l'ordre d'allumer les moteurs ? Qui avait donné l'ordre de préparer Grace Russell à une sortie extravéhiculaire ? Pour quelle raison Grace Russell avait-elle refusé de rentrer à bord de l'ISS ?

Aux deux premières, les mêmes réponses furent apportées. La mission 59 avait entendu une seule et même chose. Deux ordres, prononcés par une voix russe pour le premier, américaine pour le second, avaient été transmis depuis le canal habituel. L'enquête selon Andreï devait se tourner non vers eux mais vers les équipes de la Nasa et de Roscosmos pour identifier la personne qui avait réussi à mobiliser le canal de transmission et prononcer ces ordres.

Quand vint la question qui ne concernait que Grace, celle-ci sembla s'éveiller. Elle sourit et se redressa. Andreï à sa droite la regardait avec une sympathie évidente, quoiqu'il ait dépensé une énergie folle et vaine, au moment de l'incident, à tenter de la convaincre de rentrer. Son regard était teinté cependant d'une curiosité trouble et un peu inquiète. Grace, elle, n'était pas inquiète. Elle savait quelles questions on allait lui poser. Elle en avait parlé à Camille, en tortillant le fil gris du téléphone qu'il lui était possible d'utiliser. Elle connaissait les questions et elle connaissait aussi les réponses, ses propres réponses, qu'elle avait partagées avec lui. Elle aurait voulu qu'il puisse écouter. Camille lui avait dit « parle peu et regarde-les », et aussi « méfie-toi des adverbes », ce qui était également la recommandation de Louise, qui les chassait dans ses propres textes avec l'énergie d'une ménagère pour les toiles d'araignées.

C'est Lakner qui dirigeait l'entretien.

— Vous avez désobéi aux ordres du commandant Lyapunov.

— J'en ai bien conscience. Je lui ai expliqué les faits et lui ai présenté mes excuses.

— Quels faits justifient selon vous d'enfreindre les ordres et les procédures ?

— Je ne pouvais pas rentrer.

— Pour quelles raisons matérielles ?

— Aucune. Je devais rentrer mais je ne pouvais pas rentrer.

— Votre volonté était-elle impuissante ?

— J'étais consciente de ce que je faisais.

— Avez-vous appelé à l'aide ?

— J'étais très bien où j'étais.

— Qu'est-ce qui vous retenait à l'extérieur de la station ?

— Je n'étais pas retenue à l'extérieur de la station.

— C'est pourtant ce que nous avons observé.

— J'étais retenue auprès de Voyager.

— Admettons.

— Ce n'est pas une hypothèse, c'est un fait.

— Admettons, poursuivit Lakner. Qu'est-ce qui vous retenait auprès de Voyager ?

— Moi-même.

— Vous pouvez préciser ?

— Ma conscience agrandie. Je n'arrive pas à trouver d'autres mots.

— Et cette conscience agrandie vous commandait de désobéir, dit Lakner.

— Il y a un autre mot.

— Nous vous écoutons.

— L'amour, dit-elle.

— Qu'est-ce qui vous a fait revenir ?

— L'amour. Mais ce n'est pas le même.

— Nous n'allons pas tenir un colloque philosophique, objecta Lakner.

— L'amour comme expérience de la bonté.

— Et pourtant il ne s'est rien passé, Grace Russell. Nos examens de tous les instruments n'ont absolument rien donné.

— Absolument ? demanda Grace, et elle se prit à sourire.

— Absolument, répondit Lakner.

Le Centre des astronautes européens de Cologne est situé au sud de la ville, à cinq kilomètres du Rhin, en bordure de piste de l'aéroport Konrad Adenauer. Cette double proximité relative explique pourquoi l'essentiel des employés du Centre vivent à une distance respectable de celui-ci ; elle leur permet de jouir des berges du grand fleuve, du golf et des tennis parsemant sa rive droite jusqu'à Bonn, sans s'abrutir du bruit des avions. Karl Lakner a fait un choix en tout point identique en achetant une petite maison avec jardin dans les hauts du bourg de Kriegsdorf, en lisière des vestiges d'un bois aujourd'hui taillé en triangle. Sa maison est moderne mais agrémentée de meubles anciens, ce qui rend toujours ses visiteurs perplexes et curieux de savoir si l'inverse n'eût pas été préférable. Dans le jardin, une tonnelle ombrage l'été une table en métal vert olive autour de laquelle, avec la ponctualité d'un quartz, il boit tous les mardis et jeudis à l'heure anglaise, lorsque le temps le permet, une tasse de thé noir avec son épouse.

Sa conversation avec sa femme est d'une qualité égale à celle qu'il a avec ses roses, ce qui dans son esprit est un compliment. Rien ne vient jamais perturber les discussions et les rêveries qu'il entretient dans son jardin, si ce n'est, au printemps, lorsque les beaux jours attirent sur les greens des sportifs encore engourdis, les petites balles blanches que leur maladresse disperse comme des projectiles et que le bois ne parvient à retenir dans ses branches, taillées trop ras.

Contemplée de l'extérieur, sa vie est aussi monotone et rébarbative que pouvait l'être celle d'Emmanuel Kant. Il dort à heures fixes, mange à heure fixe, lit son journal à heure fixe, il en va de même du thé qu'il boit, de la marche qu'il s'accorde après le repas ; hormis ces quelques occupations, il travaille continûment. Pour être physicien, il sait que la stabilité métronomique de l'organisation de ses jours dissimule et contient comme une boîte un désordre tourbillonnant et jamais identique, à l'image des volutes mauves montant de sa tasse dans des dessins toujours différents.

La longévité de sa relation conjugale tient moins dans des extrêmes que seraient d'un côté un inépuisable amour ou de l'autre un refus dévot d'entrevoir la possibilité d'un divorce, que dans la régularité de ses conversations à l'heure du thé avec son épouse. Il n'y déroge que dans des circonstances exceptionnelles.

Ce sont des circonstances de cette nature qui l'obligent à annuler son rendez-vous aujourd'hui. Il s'en est excusé auprès de sa femme la veille ; et après lui avoir souhaité une bonne nuit, il s'est endormi comme un gisant sculpté dans la pierre.

Jeudi est en effet le jour où Grace Russell, de retour de sa quarantaine à la Cité des étoiles, rend visite à l'Agence spatiale européenne pour saluer, remercier, et célébrer le terme de sa mission. Elle a tenu à le faire ; l'ASE en aurait sinon pris l'initiative. La journée est longue pour elle, comme celles qui lui succéderont jusqu'à ce qu'elle soit autorisée à prendre quelques jours de vacances. Car en plus des équipes de l'ASE, des journalistes l'attendent. Saviez-vous dès votre recrutement qu'il vous faudrait intercepter Voyager ? N'êtes-vous pas déçue que la sonde soit telle que nous l'avons lancée ? Qu'est-il arrivé à Voyager entre le 29 décembre 2006 et le 12 décembre 2015 ?

C'est le long silence de près de dix ans qui maintenant captivait les imaginations ; et comme on pouvait tout inventer sans jamais rien vérifier, les explications et les thèses les plus diverses fleurissaient sur les deux hémisphères, jetant sur le silence lui-même les taches indélébiles de la rumeur et de la fausseté. Lakner assistait aux rencontres avec les journalistes et d'un œil, des deux oreilles, surveillait Grace sans chercher à dissimuler sa présence.

Les équipes de l'ASE étaient très émues ; les visages souriaient, beaucoup pleuraient. Grace souriait et pleurait aussi ; ses yeux turquoise étaient perpétuellement mouillés. Elle étreignait avec gratitude toutes celles et tous ceux qui lui avaient appris à survivre dans le vide du ciel ; ils furent une centaine à recevoir ses *hugs*.

Grace qui n'hésitait pas à raconter sa vie et allait au-devant des journalistes était un peu moins enjouée, moins moqueuse, parfois un peu dans la lune, sans jeu de mots, car nous savons maintenant ce qu'ils valent, comme si une partie d'elle-même était encore là-haut. Mais ce sont, dit-on, des choses qui arrivent à tout astronaute de retour sur Terre, de sorte qu'on lui pardonnait.

— Les médias vous aiment, la complimenta Karl à la sortie de la salle de presse.

Ils marchaient dans un long couloir vitré ; il lui proposa de la déposer à l'aéroport.

— Vous décollez pour Londres, j'imagine. La reine vous attend.

— Je ferai d'abord escale à Paris.

Ils quittèrent le centre d'entraînement après d'ultimes photos, d'ultimes selfies, auxquels Grace se plia avec patience, cependant que Karl avançait devant elle vers le parking et sa voiture.

— Ma chérie je te vois, lui dit la voix de Camille au téléphone.

Comme de coutume il avait emprunté le téléphone de sa mère. Elle lui dit mon amour j'arrive ; et elle ralentit le pas vers la voiture de Lakner. C'était une petite voiture électrique, semblable à un gros jouet, comme toutes les voitures.

— Je peux te parler ?

— Je t'écoute, dit-elle en serrant son téléphone.

— Le disque.
— Je t'écoute.
— Tu ne peux pas parler ?
— Non.
— Les images.
— Oui.
— Il y a une image en plus.
— …
— Vous ne faites pas étalage d'une histoire d'amour dans les médias, je vous félicite, lui dit Lakner en lui ouvrant la portière depuis l'intérieur de la voiture.
— C'est ce que nous avons convenu, dit-elle en raccrochant, et elle s'installa sur le siège.
— Montrez-moi votre téléphone.
— La confiance règne.
— Éteignez-le.
— C'est fait.
— Vous m'en voulez.
— Vous m'avez menti.
— Je n'ai rien fait de tel.
— Vous saviez dès mon recrutement que Voyager revenait et vous avez prétendu le contraire.
— Il faut craindre le pire, dit-il. Et s'en protéger.
— J'aurais préféré savoir.
— Il était préférable de vous laisser ignorante.
— Et il en va de même de nos concitoyens.
— Bien entendu.
— Que croyez-vous qu'il s'est passé là-haut ?

— Vous avez eu le mal des hauteurs. Voir la Terre émeut à ce point qu'on se croit investi de la mission de la protéger.

— J'ai senti quelque chose.

— C'est ce que je vous dis. De l'amour.

— Oui. Vous aussi ?

— Nous tous.

— Pourquoi alors n'avez-vous rien dit ?

— Cet amour est une projection. Vous ne l'avez pas reçu, vous l'avez donné.

— Il m'a traversée.

— Avez-vous lu Tilly ?

— Je n'ai pas beaucoup eu le temps de lire ces jours-ci.

— L'État fait la guerre. Et la guerre fait l'État.

— Vous voulez préparer la guerre.

— La paix est une absence de guerre, et la guerre est la loi. *Privatio mali*. Nous n'avons d'autre choix que de craindre le pire, sans quoi nous détruisons l'État.

— *Privatio mali*, ce n'est pas ce que dit le retour de Voyager.

— Voyager ne dit rien. C'est une sonde.

— Ce n'est pas une sonde. C'est une intention.

— Une intention dont l'histoire humaine nous recommande de nous méfier. La conquête de l'Ouest aussi était une intention.

— L'intention est bienveillante, sans quoi elle nous aurait déjà détruits.

— Elle est les deux à la fois, comme le chat de Schrödinger est à la fois mort et vivant, dit Lakner. Comme l'ombre est attachée à la lumière.

— Une ignorance partagée reste préférable à un savoir escamoté.

— Les gens ne veulent pas savoir, ils veulent croire. C'est angoissant de savoir, car on ne sait pas tout, on ne saura pas tout, jamais. Croire, c'est différent. Croire se suffit à soi-même. Croire est un tout. Vous croyez que le retour de Voyager est le résultat d'une intention.

— Je ne le crois pas, je le sais.

— Bien sûr que non, vous n'en savez rien : vous le croyez. Regardez comme vous êtes sûre de vous, tranquille, presque arrogante. Et regardez-moi qui sais ce que j'ignore, et qui souffre de ne pas comprendre, et qui doute même du peu que je sais. Regardez-vous, regardez-moi. Ne vaut-il pas mieux croire que savoir ? Comprenez-moi, notre but est d'éviter des angoisses inutiles à nos compatriotes, qui sont déjà bien assez angoissés et déprimés comme ça. Les gens ne veulent pas des faits, ils veulent des histoires. Qu'elles soient vraies ou fausses importe peu.

— Nous ne sommes pas du tout d'accord sur ce point.

— Je ne m'attendais pas à ce que nous le soyons. Vous n'avez pas été choisie, du reste, pour votre docilité.

Ils avaient parlé tout d'une haleine, cependant qu'ils roulaient. La voiture s'engageait à présent dans la voie d'accès au terminal ; elle ne faisait aucun bruit, laissait toute sa place au silence.

Grace essayait de comprendre dans quelles dispositions se trouvait Karl. Il n'était pas fondamentalement hostile, mais quelque chose chez elle le gênait. Elle se demandait si cela tenait à sa personnalité, au fait qu'elle fût une jeune femme, à l'incident, au succès populaire qu'elle provoquait ; ou bien était-ce ce qu'elle avait su sans pouvoir mettre d'autres mots – ce qu'elle avait appris en haut.

— Que représente l'image ? attaqua-t-elle.

— Quelle image ?

— Vous savez de quoi je parle. Que représente l'image ?

— Il n'y a pas d'image supplémentaire.

— Vous venez d'avouer qu'il y en avait une.

— Vous allez rater votre avion.

— Dites-moi d'abord ce que représente l'image et je ne vous dérangerai plus.

Elle croyait le tenir, par ce fil ténu qui la liait à lui depuis leur première rencontre. C'était un fil, comme un fil est une ligne, comme une ligne est une crête, et sur cette ligne de crête Lakner se trouvait pris entre le vertige d'un désir sympathique et charnel, et celui de la vérité que ses lèvres peinaient à contenir.

— Karl, dit-elle, l'appelant pour la première fois par son prénom. Cela restera entre vous et moi.

— Et Camille.

— Je suppose qu'il sait déjà.

— Vous avez pris des photos de la Terre depuis l'ISS je suppose.

— Environ deux mille.

— Comme nous tous. S'il y avait une photo de la Terre que vous auriez aimé prendre mais que jamais vous ne pourrez prendre, quelle serait-elle ?

— …

— Je vous ai dit que vous alliez rater votre avion.

— Ce serait une photo de la Terre il y a longtemps.

— Combien de temps ?

— Avant les hommes.

— Précisez.

— Avant la formation des continents actuels. Les continents sont là mais pas encore tout à fait à leur place. C'est la Terre mais ce n'est pas la Terre que nous connaissons.

— La Pangée se disloque.

— Par exemple.

— Imaginez que vous êtes à bord de l'ISS dans la Cupola. Vous voyez la Terre il y a 100 millions d'années. L'Australie est attachée à l'Antarctique. L'Amérique du Sud se sépare à peine de l'Afrique.

— Si cette image est sur le disque, ce serait un cadeau.

— D'un point de vue esthétique, sans doute. D'un point de vue militaire, c'est beaucoup plus inquiétant.

— Vous avez employé l'indicatif.

— Je n'ai rien dit. Je vous accompagne jusqu'au guichet d'embarquement.

— Inutile, dit-elle en sortant de la voiture.

— Bon voyage, Grace.

— Tôt ou tard les gens apprendront la nouvelle.

— Je compte sur vous, dit Lakner, et Grace se troubla, ignorant s'il comptait sur elle pour se taire ou au contraire pour parler.

— Il y a une chose que je sais et que vous ignorez, dit-elle en retrouvant contenance.

Et levant la main pour saluer, elle ajouta :

— Bientôt Voyager 2 et Pioneer elles aussi reviendront.

Quand ils entrèrent chez Camille, Louise dans ses appartements écoutait la radio. Camille et Grace montèrent à l'étage. Il y eut entre Louise et Grace un échange de regards, puis une brusque et longue accolade. Formidable, vous êtes formidable, répétait Louise, et toutes les deux sans se connaître laissaient rouler leurs sanglots. Camille désigna à Grace le bureau, l'écran de l'ordinateur de sa mère, les piles de livres servant de table. Il disait : c'est ici que nous t'avons regardée, c'est ici que nous avons tremblé. Il raconta son voyage à lui, leur voyage à eux deux, car Louise non plus n'avait pu détacher les yeux. Répondant à Louise, Grace lui dit qu'elle allait bien et se trouvait heureuse d'être de retour sur Terre et de pouvoir la rencontrer.

Puis ils descendirent l'escalier, pour aller voir la mer. Au rez-de-chaussée, passant devant la porte close, Grace dit à Camille : je voudrais voir la machine. Alors il ouvrit la porte. Dans la nuit bleue de la pièce, elle clignotait.

Grace promena son regard sur les tours, les claies, les baies, et les écrans, qui lui faisaient comme deux yeux.

— On dirait qu'elle me regarde.

— C'est le cas.

— Parle-t-elle ?

— Elle préfère écrire.

Elle semblait les entendre, elle ne bourdonnait plus, ou si faiblement que le bruit de l'émission de radio qu'écoutait Louise à l'étage leur parvenait.

— Elle possède l'image, ajouta Camille.

Il se tenait dans l'encadrement de la porte, leurs épaules, leurs bras, leurs mains se touchaient, comme au bord de la mare, comme avant le feu, comme avant les mots, comme avant la pomme.

— Elle va raconter notre histoire, dit Grace en se tournant vers Camille.

Il crut qu'elle parlait de leur histoire d'amour, il se dit même qu'elle comptait l'épouser dans l'heure, et l'annoncer à tous les pirates, ou d'autres choses légères qu'on met en quelques caractères sur Twitter ; puis considérant froidement sa bêtise, il comprit qu'elle concevait un projet bien plus vaste ; Grace allait terminer sa mission et enseigner aux hommes l'amour des étoiles, dans tous les serveurs de la Terre, raconter son histoire, et une sonde après l'autre, dire aux hommes que le meilleur de l'homme nous revenait.

À présent elle s'avançait, dans la nuit constellée ; sa silhouette passa entre les claies. Elle se couvrit d'ombre tandis qu'elle se figeait devant les deux écrans et le clavier.

Comme en haut, dans le noir profond de l'espace, il sembla qu'elle flottait. Comme en haut, elle s'estompait ; elle n'était plus qu'une ombre et même cette ombre lui semblait se résorber.

— Il y a une phrase sur l'écran, dit Grace.

L'intensité de la lumière, répandue par les diodes, se mit à baisser, comme si la machine voulait l'accueillir et la dérober.

— Il y a deux phrases, corrigea-t-elle.

— Elle invente des citations d'hommes célèbres, dit la voix de Camille derrière elle. C'est son nouveau jeu.

À son tour, Camille s'avança, et avec des précautions que l'on prend à s'approcher d'un somnambule, il lui parla doucement. Avec quelques hésitations il effleura ses doigts, puis il lui saisit la main, lui disant viens, je vais te présenter la mer qui est ma meilleure amie après toi. Elle se laissa faire, viens, accepta sa main. Elle détourna les yeux de l'écran où les phrases de Jung et d'Augiéras étaient alignées comme dans un exergue.

Grace souriait, oui, allons voir la mer, et saisissant Camille par le bras, elle abandonna la machine, traversa une pièce après l'autre, résolue désormais, marchant entre les livres que Louise comme des bornes avait érigés.

Parvenus au jardin, ils l'entendaient déjà, sentaient son haleine ; la mer battait la digue et semblait vouloir éteindre les lucarnes de la Folie Alzheimer que l'on voyait trembler comme des fanaux dans la pénombre, entre les branches du séquoia. Ils descendirent la rue, poussés par le vent qui s'engouffrait depuis les hauteurs de la colline. Louise à son balcon agitait vers eux une main pâle.

Tandis qu'ils parvenaient au rivage, sous le regard à demi clos de la Lune, et que Grace levait les yeux vers le ciel pour y surprendre le trait d'argent de l'ISS auquel Voyager était encore accrochée, il lui parut entendre le bourdonnement de la machine monter comme un rire dans la nuit étoilée.

À mes enfants, Ada-Louise, Simon, Marthe, Antoine, Gabrielle et Mathilde qui liront peut-être un jour ce livre.

À Virginie, toujours.

Merci à Hervé pour ses remarques bienvenues.

Et merci tant de fois à Christophe et Pierre, grâce à l'inépuisable engagement desquels ce livre est un aboutissement.

Cet ouvrage a été imprimé
par Grafica Veneta à Trebaseleghe (PD)
pour le compte des Éditions Grasset
en mars 2020.

Composition Maury-Imprimeur

PAPIER À BASE DE FIBRES CERTIFIÉES

Grasset s'engage pour l'environnement en réduisant l'empreinte carbone de ses livres. Celle de cet exemplaire est de :
1,2 kg éq. CO_2
Rendez-vous sur www.grasset-durable.fr

N° d'édition : 21466
Dépôt légal : avril 2020
Imprimé en Italie